호텔 트렌드 인사이트

호텔 트렌드 인사이트

2024~2034 세계 호텔의 미래

초 판 1쇄 2024년 02월 27일

지은이 이재원(Jay Lee)
펴낸이 류종렬

펴낸곳 미다스북스
본부장 임종익
편집장 이다경
책임진행 김가영, 윤가희, 이예나, 안채원, 김요섭, 임인영

등록 2001년 3월 21일 제2001-000040호
주소 서울시 마포구 양화로 133 서교타워 711호
전화 02) 322-7802~3
팩스 02) 6007-1845
블로그 http://blog.naver.com/midasbooks
전자주소 midasbooks@hanmail.net
페이스북 https://www.facebook.com/midasbooks425
인스타그램 https://www.instagram/midasbooks

ⓒ 이재원, 미다스북스 2024, *Printed in Korea.*

ISBN 979-11-6910-513-2 03320

값 18,500원

미다스북스는 다음세대에게 필요한 지혜와 교양을 생각합니다.

호텔 트렌드 인사이트

2024~2034 세계 호텔의 미래

이재원(Jay Lee) 지음

추천사

급변하는 시대, MZ를 넘어 알파 세대에게도 통하는 호텔의 모습이 궁금하다면 꼭 읽어야 하는 책! 저자가 말하는 고도화된 AI 기술과 경험 중심 콘텐츠가 담긴 호텔들을 통해, 미래 호텔 트렌드를 예측하고 다양한 아이디어를 얻을 수 있는 안내서라고 확신합니다. 이 책은 기존의 호텔의 틀에서 벗어나, 새로운 시각으로 호텔 산업을 바라보고 변화를 추구하게 만듭니다.

더리스트 김나영 대표

우연한 기회에 베트남에서 저자의 개인사를 들을 기회가 있었다. 힘들었던 일들도 담담하고 여유 있게 이야기하는 모습이 멋스러워 보였다. 다만 호텔의 미래를 이야기할 때 저자는 흥분된 모습이었고 호스피탈리티 산업에 대한 그의 진심을 엿볼 수 있었다. 훗날 저자만의 바이브가 담긴 호텔을 기대해 본다.

베트남 호텔 사업가, 팜스글로벌 곽승엽 대표

급변하고 있는 호텔 산업의 과거, 현재, 미래가 『호텔 트렌드 인사이트』 한 권에 전부 담겨 있습니다. 호텔 산업의 동향 및 변화에 관심이 있거나 관련 종사자라면 꼭 읽어봐야 할 책이며, 저자의 호텔 산업에 대한 뜨거운 관심과 열정에 박수를 보냅니다.

바우치코리아 홍상의 이사

호텔에 대해 아는 게 없는 내게 추천서를 써달라는 연락이 왔다. 이걸 어떻게 해야 되나. 호텔의 미래는커녕 현재도 모르는 나에게. 그래도 일단은 무슨 내용인지 읽어는 봐야 될 거 같아 첫 페이지를 펼쳤다. 그런데 생각했던 것보다 딱딱한 글이 아니었다. 술술 넘어가는 것이 무슨 에세이를 읽는 기분이었다. 호텔에 대한 그의 애정과 지식이 가득 담긴 에세이. 그리고 저자는 기술에 대한 이해와 관심이 상당했다. AI, XR, 로봇 등 요즘 뜨겁게 언급되는 기술들을 호텔에 접목하는 부분들. 마치 실제 그 기술을 개발한 연구원이 누구나 알아듣기 쉽게 설명하는 것 같았다. 마지막으로 핵심은 고객이 정말로 원하는 것이 무엇인지 수많은 경험을 통해 얘기하고 있었다. 이 글을 읽고 나니 그가 꿈꾸는 미래의 호텔에 가보고 싶다는 생각이 들었다. 언젠가는 그런 날이 오리라 믿는다.

LG 전자 연구원, 작가 박세환

관광 분야의 스타트업을 육성하고 투자하는 액셀러레이터로서, 『호텔 트렌드 인사이트』는 호텔을 머무는 곳에서 새로운 경험을 안내해 주는 네비게이터로서의 역할을 상상하게 해줍니다. 책에서 저자는 혁신과 고객 중심의 접근 방식이 중요한 호텔 산업의 미래를 설득력 있게 제시합니다. 또 거기에 더해 탐구한 기술, 지속 가능성, 맞춤형 경험이 호텔 경험을 재정의하는 방식은 여행 및 호텔 공간에서 혁신적인 아이디어를 지원하는 액셀러레이터의 철학과도 잘 연결됩니다. 여행 및 호텔 산업을 변화시키고자 하는 독자, 특히 스타트업들에게도 이 책은 단순한 독서가 아닌 미래로의 로드맵일 것이며, 호텔 산업의 진화하는 풍경을 이해하고 활용하려는 모든 이에게 중요한 안내서라고 생각하며 이 책을 추천합니다.

Y & Archer 와이앤아처 이호재 대표

프롤로그

2024년 '시즌 2'의 배우들이 공개되면서 다시 한번 뜨거운 관심을 받고 있는 〈오징어 게임2〉(Squid Game 2). 세계적으로 주목받은 넷플릭스 오리지널 드라마인 〈오징어 게임〉은 시청 시간의 약 95%가 해외에서 발생했다. 한국은 물론, 미국, 브라질, 프랑스, 터키 등 94개국에서 가장 많이 본 작품이다.

〈이상한 변호사 우영우〉, 〈킹덤〉 등 한국 드라마뿐 아니라, 예능과 다큐멘터리 부분 콘텐츠에서도 대한민국의 콘텐츠들의 성장이 보인다. 〈피지컬 100〉, 〈솔로 지옥2〉도 해외 국가에서 주목받고 있다.

특히 〈솔로 지옥2〉는 2023년 1월 비영어 부분 글로벌 톱10 TV쇼에서 9위에 올랐다 하니 놀라울 따름이다. 넷플릭스 가입자의 60% 이상이 한국 콘텐츠 1편 이상을 시청한다고 한다. 2023년 현시점, 넷플릭스에서 가장 많이 소비되는 콘텐츠는 K-콘텐츠다.

데뷔 10주년을 올해 맞이한 'BTS', 엔데믹 국면을 맞아 전 세계에 '아미

(ARMY)'들과 함께했던 'BTS페스타'가 서울시 한국관광공사와의 협업 등을 통해 초대형 규모로 펼쳐졌다.

전 세계 많은 팬들이 해당 페스타에 서울을 찾을 것이 기대되면서 유통/관광업계들도 많이 분주해졌다.

K-Contents, K-POP, K-Culture가 전 세계에 많이 알려지면서 대한민국의 브랜딩이 잘되고 있다 생각한다.

	한국	일본	중국	태국	대만
1	일본	한국	태국	일본	일본
2	대만	중국	한국	한국	태국
3	태국	태국	일본	중국	한국
4	베트남	대만	싱가포르	홍콩	싱가포르
5	필리핀	미국	말레이시아	싱가포르	미국
6	인도네시아	베트남	인도네시아	싱가포르	미국
7	미국	홍콩	미국	호주	말레이시아
8	중국	필리핀	호주	캐나다	인도네시아
9	홍콩	인도네시아	캐나다	영국	호주
10	말레이시아	말레이시아	프랑스	프랑스	중국

	미국	캐나다	멕시코	호주
1	멕시코	미국	미국	뉴질랜드
2	캐나다	멕시코	캐나다	인도네시아
3	미니카 공화국	영국	스페인	미국
4	자메이카	프랑스	프랑스	영국
5	영국	이탈리아	독일	일본
6	이탈리아	미니카 공화국	스위스	태국
7	독일	코스타리카	호주	캐나다
8	스페인	스페인	영국	싱가포르
9	프랑스	캐리비안 제도	싱가포르	중국
10	중국	중국	이탈리아	한국

	영국	스페인	프랑스	이탈리아
1	스페인	프랑스	스페인	스페인
2	프랑스	이탈리아	이탈리아	프랑스
3	이탈리아	포르투갈	포르투갈	독일
4	미국	독일	독일	영국
5	포르투갈	영국	영국	그리스
6	독일	네덜란드	네덜란드	네덜란드
7	네덜란드	벨기에	벨기에	오스트리아
8	아일랜드	스위스	스위스	벨기에
9	그리스	오스트리아	오스트리아	스위스
10	터키	그리스	그리스	포르투갈

〈2023년 각 국가별 여행가는 국가 순위(IATA-2023년 08월 기준)〉
출처: 본인 제작

지난 8월에 항공 예약 시스템인 'IATA' 기준으로 2023년 각 나라에서 가장 많이 가고 있는 나라들을 정리해보았다. 해석하기 나름이지만, 유럽국가들은 비교적 근거리 국가를 방문하며, 그중 스페인을 가장 많이 방문한다. 아메리카 대륙 및 호주는 아시아 국가 중에서는 중국을 찾는 것으로 보인다. 일본, 중국, 태국, 대만 등 아시아 국가에서 한국을 방문하는 사람들이 꽤 높은 순위로 집계되고 있다. 실제 각국의 인구수 대비, 꽤 많은 외국인들이 현재 우리나라를 방문하고 있다는 것이다.

많은 사람들이 방문하는 우리나라에서 기억에 남을 만한 숙소는 얼마나 있을까? 또 우리나라를 여행할 때 다시 가고 싶은 우리 나라 호텔은 몇 곳이나 될까? 우리나라에는 3대, 4대가 운영하는 호텔은 없을까? 여행 숙박 관련 종사자가 코로나 대비 2만 명이나 줄었는데, 호텔 이용 시 불편한 점은 무엇일까?

키오스크, 모바일 체크인이 나오고 있는데 미래의 호텔은 무인 호텔이 될까?

이 글은 이런 질문들에서 시작하게 되었다.

군대 제대 및 2년간의 해외 생활 이후인 2006년 10월, 사회생활을 처음 시작해서 지금까지 약 17년 동안 '숙박산업(Hospitality)' 관련 일을 하고 있다. 17년간의 경험 중에 첫 회사는 '야놀자(Yanolja)'라는 회사로 2006년 겨울 선릉역에 사무실에 첫 출근을 시작으로 약 11년 정도 근무하였다.

2023년 지금 야놀자는 데카콘[1]을 넘어 세계적인 플랫폼으로 확장하는 과정에 있다. 입사 후 11년간 주로 B2C 플랫폼 관점으로 호텔, 모텔, 펜션 등 다양한 숙박 시설 및 공간들을 담당하여 판매하고 마케팅을 해야 하는 시장들을 경험했다.

현재는 '코디더매니저(Cody, The Manager)'라는 호텔 IT 솔루션 테크 회사에서 CSO로 근무 중이다.

참고로, '코디더매니저'는 우리나라 3성급 이상의 호텔에서 필수적으로 사용해야 하는 시스템인 PMS(Property Management System)를 포함한 여러 솔루션을 운영하고 있는 회사이다.

---

1) 경제 분야에서는 기업 가치가 100억 달러(10조 원) 이상인 신생 벤처기업을 말한다. 기업가치 10억 달러 이상인 기업을 머리에 뿔이 하나가 달린 신화 속의 말인 유니콘(unicorn)에 비유했듯이 유니콘보다 기업가치가 10배 되는 기업을 머리에 뿔이 10개 달린 상상의 동물인 데카콘에 비유한 것이다. '10'을 뜻하는 접두사인 '데카(deca)'와 유니콘의 '콘(com)'을 결합하여 만든 용어. 미국의 경제통신사 블룸버그가 처음 사용한 것으로 알려졌다.
출처: 한경 경제용어사전

매일매일 바쁘게 빠르게 변해가는 시장과 하루의 주요 업무를 소화하기를 반복하던 어느 날, 작년 가을에 처음으로 '5년 뒤, 10년 뒤에 호텔은 어떤 모습일까?'라는 생각을 해보았다.

커피숍에서 로봇 바리스타가 커피를 만들고, 치킨집에서도 로봇 셰프가 치킨을 튀기고 있는 현재.

테슬라의 가사 도우미 로봇들의 업데이트 소식이 조금씩 알려지고 있는 지금.

코로나라는 특수 상황을 경험하면서 인적 중심이었던 호텔 산업에 발생한 많은 변화와 어려움을 실제로 보고 같이 고민하게 되었다. 단순히 호텔 종사자들의 부재로 인한 인력 부재의 어려움뿐 아니라 인공지능 등의 기술의 발달과 디지털화로 인해 업무 효율을 개선할 수 있겠다는 생각과 함께 근미래의 호텔은 지금과는 다른 운영방식이 가능할 수 있겠다는 확신이 들었다.

2019년도부터 2023년 올해까지, 매년 호텔 운영 트렌드에 대한 스피치 자리가 있었고, 그 내용들을 정리해 보는 시간을 가졌다. 시대적인 흐름이 비대면(非對面) 서비스의 효율성을 강조하고 있지만, 서비스의 효율성은 가져가면서, 호텔 산업에서의 핵심 가치인 서비스에 더 집중할 수 있겠다는 생각이 들었다. 사람만이 할 수 있는 서비스에 다시 집중하는 모습으로.

B2C 플랫폼에서 B2B 솔루션으로 일하는 장소는 조금 달라졌지만, 지난 17년간 꾸준하게 숙박업에 속했던 사람으로서 그리고 50대 이후에 준비하고 싶은 미래 호텔 및 우리나라 호텔 개발에 대한 이야기를 해보려고 한다.

이제는 많이 들어본 Chat GPT(챗지피티)와 Midjourney(미드저니)를 통해 미래의 호텔을 물어보면, 공통적인 단어들과 이미지가 나온다. 아래는 Chat GPT로 미래의 호텔, 2040년의 호텔을 물어보았을 때 출력된 답변이다.

호텔의 외관은 매끄럽고 현대적이며 에너지 효율적인 재료와 무성한 녹지가 디자인에 통합되어 있습니다. 로비에 들어서면 홀로그램 컨시어지 어시스턴트가 맞이하며 다국어 개인화된 지원을 제공할 수 있습니다. 생체 인식 스캐너와 안면 인식 기술이 게스트를 신속하게 식별하고 객실에 대한 액세스 권한을 부여하므로 체크인 프로세스가 원활합니다. 객실에는 음성 명령이나 웨어러블 기기를 통해 제어할 수 있는 스마트 자동화 시스템(IoT)이 갖춰져 있습니다. 지능형 센서는 점유를 감지하고 조명, 온도 및 선호하는 향기를 조정하여 개인화되고 편안한 환경을 만듭니다. 인터랙티브한 벽을 통해 투숙객은 터치 한 번으로 객실 분위기를 변경할 수 있으며, 전 세계의 숨 막히는 전경을 보여주는 가상 창을 표시할 수 있습니다.

객실 내 엔터테인먼트 시스템은 크게 발전했습니다. 고해상도 홀로그램 디스플레이는 기존 TV를 대체하여 실감 나고 생생한 시청 경험을 제공합니다. 게스트는 다양한 목적지나 역사적 시기로 이동할 수 있는 가상 현실 경험을 포함하여 광범위한 온디맨드[2] 콘텐츠 라이브러리에 액세스할 수 있습니다.

2040년의 호텔은 지속 가능성과 친환경적 관행을 우선시합니다. 고급 에너지 관리 시스템은 재생 가능한 자원과 스마트 그리드(태양열 패널 등)를 활용하여 호텔의 탄소 발자국을 최소화합니다. 녹지 공간은 아름다움과 지속 가능성을 모두 제공하는 수직 정원과 옥상 태양 전지판을

---

2) 모바일을 포함한 정보통신기술(ICT) 인프라를 통해 소비자의 수요에 맞춰 즉각적으로 맞춤형 제품 및 서비스를 제공하는 경제 활동.
출처: 한경 경제용어사전

특징으로 건물 전체에 통합되어 있습니다.

최첨단 기술로 식사 경험이 향상됩니다. 손님들은 테이블에 투사된 인터랙티브 메뉴를 즐길 수 있어 다양한 요리 옵션을 탐색할 수 있습니다.

로봇 요리사와 자동 음식 배달 시스템은 개인의 식단 선호도에 맞춘 효율적인 서비스와 고품질 식사를 보장합니다.

또한 2040년의 호텔은 개인화된 웰빙 경험을 강조합니다. 객실에는 가상 트레이너 또는 통합 요가 및 명상 스튜디오가 있는 내장형 피트니스 공간이 포함될 수 있습니다. 스파 시설은 휴식과 웰니스를 최적화하기 위해 바이오피드백[3] 및 뉴로 피드백[4]과 같은 기술을 활용하는 최첨단 트리트먼트를 제공합니다.

전반적으로 2040년의 호텔은 럭셔리, 기술, 지속 가능성 및 개인화된 경험이 완벽하게 조화되도록 설계되었습니다. 이 비전은 환대 산업의 미래를 엿볼 수 있는 역할을 합니다.

---

3) 바이오피드백은 우리 신체의 심리 생리적 현상을 기기를 통해 관찰하는 방식을 뜻합니다. 기기를 통해 우리는 심장의 활동, 근육의 활동, 뇌의 전기적 활동을 볼 수 있는데, 주의력 결핍 및 과잉행동장애, 불안장애, 우울증, 만성 통증 등에서 이러한 바이오 피드백을 활용한 치료효과가 보고되고 있습니다.
참고: 서울아산병원 https://amc.seoul.kr/asan/depts/mind/K/bbsDetail.do?menuId=4548&contentId=263865
4) 뉴로피드백이란 자신의 뇌에서 발생한 뇌파 정보를 활용하여 치료에 유용한 특정 뇌파를 훈련하는 치료 방법입니다. 예를 들면 집중할 때 나타나는 특수한 뇌파를 두피에서 측정하여 그 신호를 실시간으로 화면이나 소리를 통해 모니터링하고, 훈련을 통해 그 신호를 늘려 집중력에 도움이 되도록 할 수 있습니다.
참고: 분당서울대병원 https://www.snubh.org/dh/main/index.do?DP_CD=NP&MENU_ID=008046

한국어로 번역 시 다소 어색한 부분은 해석을 다시 했지만, 위의 내용은 생각만 해도 즐거운 일이다. 다른 프롬프트(Prompt)들로 미래의 호텔에 대해 물어봤을 때, 전반적으로 앞의 답변과 비슷한 답을 받았다.

내가 생각해 왔었던 미래 호텔의 모습과 많이 비슷한 부분이 있기에, 해당 부분을 토대로 내용들을 정리해서 다시 이야기를 써 보기로 한다.

〈인공지능으로 미래 호텔을 생성한 이미지〉

출처: Dall-e 3 Develop a hotel image of south Korea in the future, like in 2034, realistic style.

목차

PART 1.

기술:
기술의 발달로
더욱 가능해진 것들

Chapter 1. 얼굴, 목소리로 호텔 체크인을?

생체 인식 시스템은 왜 필요할까?

우리 나라 호텔에서 아직 상용화된 사례는 없지만, 공항이나 은행에서는 정맥을 활용한 생체 인식이나 바이오 인증 서비스가 상용화되어 있다. 해외에서는 정맥 인식뿐 아니라 안면 인식, 홍채 인식 등 더 다양한 생체 인식으로 호텔을 이용하고 있는 사례가 점점 늘어가고 있다.

호텔 로비에 있는 키오스크에서 혹은 해당 호텔의 애플리케이션 서비스를 통해 안면 인식을 하면, 오늘 내가 투숙할 객실을 알게 된다. 별도의 카드키나 열쇠키는 필요하지 않다. 엘리베이터에서도 안면 인식으로 내가 이용할 객실이 몇 층에 있는지 확인이 되며, 객실 앞에서도 카드 키 대신 등록된 내 얼굴로 문을 열 수 있다.

그럼 이런 서비스는 '왜' 필요할까?

현재 대부분의 호텔에서는 체크인 시, 신원 확인을 위해 등록카드 작성을 필요로 한다. 그 등록카드의 내용은 크게 나의 예약 정보(호텔 이용일자, 예약 객실 타입 등)와 고객에 대한 기본 정보(국적, 전화번호, 이메일 등) 그리고 외국인의 경우, 여권 정보를 수집하는 경우가 있다. 고객의 신원을 확인하기 위함에서 출발했지만, 최근 호텔에서는 자체적으로 고객과의 직접 소통을 매우 원하고 있다. 그렇기에 고객과 소통할 수 있는 기본적인 약속인 개인정보 동의 및 마케팅 활용에 대한 동의를 주로 투숙객들이 체크인 시, 고객 등록 카드를 기재하는 과정 중에 받는다. 일부 호텔에서는 별도의 애플리케이션을 만들어서 예약을 결제하는 과정 중에 개인정보 및 마케팅 활용에 대한 동의를 받기도 한다.

이 과정 후에 호텔은 투숙객들에게 수영장의 위치나 이용 시간 및 주의 사항, 조식당의 위치나 이용 시간 등 부대업장에 대한 안내를 하고 있는데, 이 과정들이 최소 3~5분 이상이 걸린다 하니 생각보다 체크인하기 전에 많은 시간이 걸린다. 이런 부분을 간소화할 수 있는 많은 방법들이 나오고 있고, 그중 하나가 바로 바이오 인증을 통한 확인 방법이다.

가까운 일본, 중국, 싱가포르만 해도 이미 안면 인식으로 1분 만에 호텔 체크인이 가능해졌다.

세계적인 글로벌 특급 호텔들도 서비스하는 생체인식 체크인 솔루션

세계적인 호텔 체인 브랜드 중 하나인 '메리어트 인터내셔널'(Marriott International)은 중국 기업 '알리바바 그룹'(Alibaba Group)과 합작 법인을 만들어 안면인식 체크인 기술을 지난 2018년에 이미 선보였다.

〈메리어트 항주 호텔에 설치된 키오스크〉
출처 : 메리어트 홈페이지
https://news.marriott.com/2018/07/joint-venture-of-alibaba-group-and-marriott-international-trials-facial-recognition-check-in-technology/

〈메리어트 항주 호텔에서 이용 중인 안면인식〉
출처: 유튜브 – China Internet Watch 채널 영상 캡쳐
https://www.youtube.com/watch?v=qNpsdCPGyCk

또 다른 인터내셔널 호텔 체인 브랜드인 '아코르(Accor)' 호텔도 싱가포르 내 스위소텔 더 스탬포드(Swissôtel The Stamford)에 안면 인식 기술을 채택하였다.

코로나 이전, 한국에서 키오스크 관련된 미팅들을 호텔들과 했을 때, 특히 특급 호텔의 경우에는 호텔에 방문하는 고객들이 호텔의 환대 서비스를 기대하고 방문하기 때문에 키오스크 사용이 맞지 않다는 이야기들이 많았다. 나 역시 많은 부분에서 공감했고, 실제로 키오스크가 도입된 특급 호텔을 이용한 고객들의 키오스크 응대에 대한 아쉬움이나 불만족 들을 이야기하는 컴플레인 이야기도 들었다.

하지만 시간이 지나며 시장이 조금 달라졌다. 코로나 이후 실제 호텔에서 근무했던 호텔리어들이 많이 퇴사를 했다. 호텔을 이용하는 사용자들 역시, 코로나 기간 동안 많은 산업군에서 키오스크를 경험했기에, 이제는 키오스크에 거부감을 많이 느끼지 않는다. 또한, 특급 호텔이 아닌 비즈니스 호텔이나 중소형 호텔을 대상으로 한다면 더 필요한 상황이 되어 있기도 하다.

호텔에 자동화(RPA)를 접목시키면?

앞에서도 이야기했지만, 기술이 발전한다고 해서 미래의 호텔이 100% 무인화의 방향으로 향한다는 것은 아니다. 그것과는 다른 시각으로 이야기하려고 한다. 오히려, 이런 기술의 발전으로 인해 수많은 수동 업무를 자동화하여, 호텔 내부에 있는 직원들은 더욱더 적극적으로 고객과 대면 서비스(고객이 원하는 경우)를 해야 한다 생각하기 때문이다.

지금은 이미 호텔 운영에 필요한 필수 시스템이 되어버린 예약 통합 관리인 CMS(Channel Management System) 솔루션을 이야기해보자.

(각 여행사, 플랫폼, 채널 등은 채널이라는 단어로 통일해서 표현하기로 하자)

Online Travel Agency(OTA), 온라인 여행사는 여행 서비스를 인터넷을 통해 제공하는 회사 또는 웹 사이트로 항공편, 호텔, 렌터카, 여행 패키지 등 다양한 여행 서비스를 예약하고 구매할 수 있는 플랫폼을 운영한다.

대표적으로 우리에게 친숙한 부킹닷컴(Booking.com), 아고다(Agoda), 익스피디아(Expedia), 트립닷컴(Trip.com) 등의 전통적인 해외 온라인 채널들이 있다. 국내에는 야놀자(Yanolja), 여기어때 등 모바일을 기반으로 시작했던 채널들과 호텔엔조이(Hotelnjoy), 인터파크(Interpark)와 같은 전통 온라인 플랫폼들 그리고 티몬(Tmon)이나 위메프(Wemakeprice), 쿠팡(Coupang) 등 소셜커머스에서 출발한 플랫폼들이 있다.

추가적으로 신규 서비스를 진행하는 많은 채널들이 생겨나면서 호텔에서는 판매를 위해 각 서비스의 관리자 페이지에 금액과 수량을 일일이 넣어줘야 했고, 이를 사람(주로 예약실)이 수동으로 24시간을 관리해야 했다.

그렇다 보니, 서울 명동에 있는 100객실 기준의 비즈니스 호텔의 경우, 해당 업무를 위해 예약실에 인원 3명+a명이 약 15~18개 채널의 관리자 페이지를 계속 관리해야 했었다. 사람이 수기로 하다 보니 단순 실수로 인한 예약 문제들이 발생하고, 작업 시간에 따라 오버부킹(Over Booking)이나 예약 누락이 되는 실수도 있었던 것이 사실이다.

하지만, 지금은 어떠한가?

CMS라는 시스템을 사용하면서 호텔은 예전만큼 각 채널의 관리자 페이지에 들어가지 않게 되었다. 판매하고 싶은 채널별로 그룹화하여 CMS 시스템 관리자 페이지에 금액과 수량을 넣으면 끝이다.

어느 채널에서 판매가 되든 서로 연동이 되어 있기 때문에 재고 관리도 별도로 하지 않는다.

플랫폼 외에 다른 채널인 전화 예약, 워크인 예약(Walk-In) 등, 예약 건들에 대한 재고의 변동을 호텔의 통합 예약 관리 솔루션인 PMS(Property Management System)와 CMS가 쌍방향 2Way 연동을 통해 주고받는 것이 가능해졌다. 이제는 한번 셋팅 이후에는 24시간, 365일

알아서 판매가 되고, 취소가 되며, 해당 예약들이 PMS 내에 업데이트가
된다.

물론, 여행사, 전화 예약, 일반 예약 등, 솔루션을 통하지 않은 다른 예
약들이 있어 전체적인 조율과 비상상황을 대비해야 한다. 또한, 연동이
되어 있다고 하지만 각 시스템들 간 서버환경이나 사용자 환경이라는 변
수가 있어 100% 실시간은 아니다. 100% 실시간이 아니기에 최소한의 관
리는 필요하다.
하지만, 기술의 발전으로 예전만큼 오버부킹이 발생할까 봐 화장실도
가지 못하면서 예약을 처리해야 하는 비효율적인 업무는 이제 사라져 가
고 있는 것이 사실이다.

테슬라의 가사도우미 로봇인 '옵티머스'가 시장에 보여준 모습은 어떠
한가? 처음 프로토타입을 선보였던 시기에 비해 기하급수적으로 빠르게
발전하고 있는 모습을 보면서, 기술의 발전에 점점 가속도가 붙고 있다
는 생각이 들었다. 이런 로봇을 통해 인간 또한 단순 노동으로부터 자유
로워질 것으로 판단된다. ㅍ

기술이 더욱 발전하여 어느 시점이 되면, 예약이 알아서 정리되고, 그 이용일에 따라 자동으로 객실 배정도 될 것이다. 실제 호텔에서 근무하는 사람들의 업무 스타일도 달라질 것이다. PC 앞에서 반복되는 사무 업무를 보는 대신, 좀 더 창의적으로 새로운 상품이나 프로그램을 개발한다든지, 좀 더 고객 중심으로 투숙객들과 더욱 유대감을 쌓을 수 있을 것이고, 남는 에너지는 다른 쪽으로 활용될 수 있을 것이다.

자동화로 여행, 숙박이 얼마나 효율적으로 변할 수 있게요?

키오스크, 안면 인식, CMS, 이들 솔루션 외에도 효율적이고 자동화될 수 있는 영역이 호텔 업무 흐름 속에는 굉장히 많이 있다. 예를 들어, 설날이나 추석처럼 연휴가 긴 일정들에는 많은 사람들이 해외로 나간다. 그때 사전에 미리 비행기 티켓을 구매하지 않고 한 달 전에 구매하는 사람들은 더 비싸게 사는 경우가 많다. 항공이나 객실 모두 24시간을 기준으로 운영되는 상품이다. 이를 '휘발성 상품'이라고도 하는데, 오늘 판매되어야 할 객실이 판매되지 않으면 그 매출은 0원이 된다.

재고가 있는 상품은 그 상품들이 언제 판매가 되어도 일정한 매출이 발생하지만, 휘발성 상품은 그게 불가능한 특수한 상품이기 때문이다. 이를 다르게 적용하면, 안 팔리면 저렴하고, 잘 팔리면 비싸게 판매되는 것이 이런 상품군이라 할 수 있다. 그래서 같은 싱가포르를 가는데, 언제 예약했는지에 따라 누구는 50만 원대에, 또 다른 누구는 90만 원대에 가는 것이다.

항공요금이 실시간으로 변하는 것처럼, 호텔에서도 이런 역할을 하는 것을 사람이 있다. 이런 사람을 '레비뉴 매니저 RM'(Revenue Manager)이라고 한다. 경쟁 호텔들의 요금과 호텔 내부의 현재 예약 현황들, 예약 점유율, 예약이 발생하는 속도 등 외부 요인과 내부 요인을 합쳐 최적의 요금을 산정한다. 이 요금이 결국 호텔에 대한 매출이 되는 것이기에 해당 업무는 매우 중요한 업무이다.

호텔 내에 해당 업무가 가능한 스페셜리스트가 레비뉴 매니징을 담당하며, 그만큼 연봉도 높다.

다르게 말하자면 모든 호텔에 해당 스페셜리스트가 있다고 말하기는 어렵다.

하지만, 최근에는 이쪽 영역에서도 많은 테크 기업들의 새로운 시도들이 보인다. 이미 상용화된 해외 솔루션들 외에 최근 국내에서도 해당 부분에 솔루션을 준비하고 있단 소식들을 많이 접하게 된다.

외부 요인과 내부 요인을 잘 정리하여 최적의 요금을 뽑아내는 것이 해당 업무의 핵심인데, 이미 상용화된 솔루션들을 보면, 아직은 조금 아쉬운 부분이 있다. 국가적 이슈 및 항공 예약의 흐름, 국제 정세, 사람들의 검색 추이 등의 거시적인 부분이나, 경쟁 호텔들의 요금 등의 외부적인 요인들은 연동이나 비용을 지불하고 가져오는 부분이 있다. 하지만, 호텔 내부 현황들을 정확히 파악할 수 있는 PMS와 연동이 되어 있는 사례가 없다.

내부 요인들 중 RM이 참고로 하는 지표들은 여러 가지가 있다. 현재 우리 호텔에 예약이 되어 있는지를 알 수 있는 예약 점유율이나, 아직 남아 있는 객실 수, 실제 이용일 대비 사전에 얼마나 미리 예약을 했는지, 해당 금액이 시장에 노출되는 것으로 인한 반응은 어떠한지, 그리고 그 반응에 따른 예약 추이는 어떠한지까지, 매우 다양하다.

이런 요소들이 하나의 예약 채널이 아닌 모든 예약채널들이 다 연결되어 있는 PMS와의 연동이 더 정확하고 정교한 레비뉴매니징을 하는 기본 자

료가 될 수 있다. 이것이 위의 CMS 사례처럼, 상용화된 솔루션이 된다면,

1. 이제 예약실에서 매일 온라인 채널들에 들어가 경쟁 호텔들의 요금 3개월치를 정리해서 보고할 업무가 없어지고,

2. 외부 요금과 내부 요금을 결합하여 최적화된 요금을 산정하는 업무 도 없어지고,

3. 그 최적화된 요금을 CMS를 통해 각 플랫폼에 판매하는 업무가 자 동으로 사라지게 된다.

예약실과 레비뉴매니저가 하는 업무의 대부분이 위의 1~3번이다.

효율적인 개선을 통해 지금까지 필요하거나 하고 싶었는데 일손이 없어 하지 못했던 새로운 업무나 또 다른 업무의 비효율성을 찾아 효율적으로 개선함으로 더욱 생산성이 있는 업무가 가능해질 것이다.

신용카드? 네이버페이? 카카오페이? 어떤 것을 주로 쓰시나요?

몇 년 전까지만 해도 '마이 데이터' 사업 혹은 '빅 데이터 사업'과 'LTV(Life Time Value, 고객생애가치)' 라는 단어를 자주 보았다. A카드를 소지하고 있는 고객의 소비패턴을 분석함으로 이 고객이 좋아할 것들

을 미리 노출해서 결제, 즉 매출로 연결한다는 내용이다.

발상은 좋았는데, 결과물은 아쉬웠던 것 같다. 일단, 나만 해도 사용하는 결제수단 종류가 5개가 넘는다.

아파트 관리비, 통신비용, 보험 등에 사용되는 신한 카드, 출퇴근 교통 카드 및 커피 마실 때 사용되는 국민 카드, 네이버에서 결제할 때 사용하는 현대 카드 외에도 편의점에서는 주로 네이버 페이, NBA카드를 구매할 때는 주로 카카오 페이 등..

코로나를 경험하면서 배달 시장, 택배시장과 그 중심에 있는 e-commerce 시장은 그 어느 때보다 활성화가 되어 있고, 그 활성화만큼 마케팅에 대한 수단과 방법도 점점 고도화되어 가고 있다.

세그먼트 마케팅에서 더 나아가 크로스셀링/업 셀링을 기반으로 한 개인화 마케팅에 대한 이야기는 이미 많이 들어보았을 것이다. AI가 화두가 되고 있는 최근에는 초개인화 마케팅이라 하여, 최고의 구매전환율을 높이기 위한 고민들을 하고 있다.

또한, 대기업들은 다양한 서비스를 각 계열사 간에 크로스셀링 및 업 셀링 등에 연계 세일즈에도 매우 집중하고 있는 상황이다. 예를 들어, 국내 에듀테크 기업 중 하나인 교원그룹은 핵심 서비스는 교육이지만 현재 생활용품이나 상조 등의 생활 서비스와 여행 및 호텔 등의 레저까지도 계열사에서 운영하고 있기도 한다.

초개인화 마케팅의 가장 적합한 사례로 찰스 왕세자와 오지 오스본의 사례를 들어본다.

〈세그먼트 마케팅의 한계 사례로 보이는 사례〉
출처: 브라이언 솔리스 홈페이지
https://briansolis.com/2014/05/connected-customers-invisible-value-demographics/

위 두 사람의 정체를 모르고 본다면,

– 1948년 영국에서 태어나 자랐다.

– 재혼했으며 아이가 2명이다.

– 자기 분야에서 성공했다.

– 부자이며, 겨울 휴가 기간에 알프스 산맥에서 휴가를 보낸다.

– 개를 좋아한다.

이런 동일한 요소를 갖고 있지만, 두 사람을 대상으로 하나의 상품을 제안했을 때 그 상품을 두 사람 다 좋아하기는 어려워 보인다. 이것이 세그먼트 마케팅의 한계이다.

마케팅도 중요하지만 보다 중요한 건 호텔에서 고객의 다양한 데이터를 잘 식별하는 것이다. 나아가 그것을 잘 활용하는 것이 차별화가 될 수 있다.

마이 데이터 사업처럼 특정 카드는 아니겠지만 특정 예약에 대한 고객의 데이터를 수집하기에는 너무 다양한 것이 있다. 호텔에 예약 완료 후, 호텔 홈페이지 내 챗봇(Chatbot)이나 특정 링크를 통해 호텔에 방문하기 전에 고객이 할 수 있는 요청사항 등이 그렇다.

가습기를 희망하는 경우, 아기 침구류를 요청하는 경우, 이유식을 데우기 좋은 전자레인지를 물어보는 경우에는 해당 고객은 결혼을 했거나 가족 중심의 여행으로 호텔을 방문했음을 쉽게 알 수 있다.

추가적으로 객실에서 '물을 더 가져다주세요.', '베개가 좀 더 낮은 것이 있나요?', '녹차 외에 다른 차 종류는 있나요?' 등의 이용 선호도에 대한 요청사항들과, 마지막으로 체크아웃 후 고객이 남긴 후기 등을 통해 투숙객이 어떤 부분을 마음에 들어 했고, 어떤 부분에는 불만족스러웠는지에 대한 데이터들을 고객 관리 시스템(Customer Relationship Management)에 업데이트할 수 있다.

그러한 데이터들로 굉장히 다양한 것이 가능해진다.

호텔을 운영하는 입장에서 고객 한 명 한 명의 소중한 후기들은 호텔이 추구하는 방향성으로 잘 가고 있는지를 파악하기 좋은 요소가 된다. 호텔 체인 그룹사나 호텔 전문 운영사의 기준에서 본다면, 새로운 호텔 개발에 대해 '어느 지역에 어떤 콘셉트로, 어떤 부대시설들에 어떤 색깔로 호텔을 개발하는 것이 좋을까?'라는 질문에 대한 꽤나 좋은 참고가 될 수 있다.

예를 들어, 강릉에 한 호텔을 개발한다고 하자.

기존 강릉 해변가에 있는 호텔들 중 주로 오는 고객층이 비즈니스 고객층인지, 커플인지, 가족인지, 주요 타깃이 결정이 되면, 그 타깃에 맞춰 객실 타입, 베드 타입, 부대시설 등의 콘셉트가 나올 수 있기 때문이다.

가족이나 커플 여행이 많을 것으로 예상되지만, 좀 더 구체적으로 바라보기 위해 데이터로 접근해 보기로 한다.

강릉 어떤 호텔에 4인 가족 단위의 여행객들이 가족여행으로 많이 간다고 알게 되었을 때, 추가적으로 궁금한 부분은

1. 4인 가족 구성원의 나이대는?

2. 그 가족들의 사는 지역은?

3. 그 가족들이 만족/불만족했던 우리 호텔의 상품과 서비스는?

이런 데이터들을 통해, 4인 가족 구성원들의 나이대에 따라 호텔의 객실 크기나 베드 크기, 천장과의 높이. 부대시설의 콘셉트와 운영시간 등까지 우리 호텔만의 차별성을 세울 수 있고, 추가로 다른 프로그램을 수립하기에 훨씬 유용하기 때문이다. 또, 운영사들 입장에서도 저평가된 호텔의 가치를 발견하고 이를 활성화할 수 있는 방법으로 위의 데이터를 활용할 수 있겠다.

기술이 점점 발전함에 따라 호텔은 새로운 기회를 가진다고 생각한다. 우문현답(愚問賢答)이라는 말이 있다. 어리석은 질문에 대한 현명한 대

답을 뜻한다. 그런데 이 우문현답이 다른 뜻으로 쓰이기도 한다.

바로 '우리의 문제는 현장에 답이 있다.'는 뜻이다. 그만큼 현장을 중시한다는 뜻이며 모든 역량이 집중되어야 하는 곳이 현장이라는 뜻이다.

호텔 운영 기술의 발달로 인해 호텔리어들은 PC 앞에서 자유로워지고 인공지능이나 로봇이 아닌 사람만이 할 수 있는 고유의 업무를 생각해 볼 수 있다. 그 고유의 업무 중에는 현장에서 이루어지는 대면 서비스, 즉 호텔의 환대 서비스에 집중을 할 수 있다는 것이 있다. 그 서비스의 본질은 그 고객이 어떤 사람인지 알고 응대를 해야 하는 것이다.

이를 위해 수많은 호텔들이 멤버십과 CRM에 공을 들이는 것이 사실이다.

인공지능과 함께 더욱 뜨거워질 해질 키워드, 바로 CRM

많은 고객들을 경험한 대형 호텔 그룹사부터 독특하고 특색이 있어 한번은 꼭 가보게 되는 인스타 성지의 부티크 숙소까지, 고객 관리에 대한 관심은 그 어느 때보다 뜨겁다. 최대한 촘촘하고 디테일한 고객의 정보를 얻고자 하는데, 그러다 보니 투숙하는 개인 외에 동행자의 생일, 기념일 외에도 자녀들에 대한 정보까지를 받고 싶어 하는 움직임도 보인다.

개인적으로는 생각해 보고 싶은 부분들은

1. 어떻게 하면 더 자연스럽게 고객들이 기꺼이 본인의 정보를 제공하고 활용하도록 만들 수 있을까?
2. 만약 고객정보를 받는다고 하면 어떤 정보들이 우선순위가 될까?

고객의 정보를 받기 위해 많은 호텔들이 자체 애플리케이션(앱)을 개발했었고 또 지금도 고민 중에 있다. 수많은 호텔 체인과 대형 호텔들이 앱을 통한 고객의 데이터 수집에 집중한다. 물론, 아무런 장치가 없는 지금보다 앱을 출시할 경우, 고객 데이터 수집에 용이할 수 있는 부분이 분명 있을 것이다. 하지만 앱이 출시되었을 때는 어떠한가? 고객들은 새로 출시된 앱을 기꺼이 설치할까? 회원 가입을 유도하기 위한 마케팅을 추가한다? 회원들에게 추가 할인 혜택 or 쿠폰을 준다?

해당 부분은 많은 개선점이 필요하다 생각하지만, 지금까지 앱 중 가장 성공적인 사례로 들 수 있는 것은 아무래도 글로벌 체인 호텔들인 메리어트(Marriott)의 본보이(Bonvoy) 앱이나 아코르(Accor) 앱이라 생각한다.

2가지 앱이 비교적 성공했다고 말하는 유일한 근거는 탄탄한 리워드 프로그램을 통해 충성 고객을 만들어내고 있다는 공통점에 있다. 둘 다 이용금액 및 숙박이용 수에 따라 등급이 진화할 수 있고(레벨 업이라는 게임적인 요소 가미),

상위 등급으로 올라갈수록 혜택이 확실하게 좋아지기 때문에 많은 유저들이 이용하게 된다.

플래티넘 등급 이런 혜택이 있어요!!

탄탄한 리워드 프로그램인 아코르 호텔 플래티넘 등급의 숙박의 예를 들면, 작년까지 플래티넘 등급이었던 나는 객실을 예약할 때, 호텔 공식 홈페이지에서 예약 시, 플러스 멤버이기 때문에 10% 추가 할인을 받는다. 물론 플러스 멤버도 돈을 지불하지만 예약 시 추가 10% 할인에 무료 숙박권이 포함되어 있어 나쁘지 않은 조건이다.

가족 생일인 경우, 그렇게 호텔을 예약하면, 객실이 여유가 있을 경우 얼리 체크인이 가능해서 1시 이전에 들어간 적도 있다. 그때, 웰컴 드링크 쿠폰을 4장 받는다. 주로 아이들이 핫초코를 좋아하기 때문에 웰컴 드링크 쿠폰은 투숙일 당일 핫초코 2잔, 다음 날 체크아웃 때 핫초코 2잔을 시키게 되어 아이들은 핫초코를 맛나게 마신다.

객실에 짐을 두고 수영복으로 빠르게 갈아입은 뒤 수영을 좋아하는 아이 두 명을 빠르게 데리고 수영장으로 내려가 물놀이를 한다. 플래티넘 등급으로 오후 시간대에는 라운지에서 차(Tea)를 이용할 수 있다. 수영장에 내가 애들을 데리고 가면 아내는 라운지에서 차와 다과를 즐길 수 있다.

왠지 모르겠지만 수영하고 먹는 라면은 항상 맛있기 때문에 애들은 수영 후 항상 라면을 먹는다.

라면과 김밥 등 아이들이 물놀이 후 저녁을 먹고 객실에서 잠시 쉬는 시간에 어른들은 라운지를 갈 수 있다.

라운지는 해피 아워(Happy Hour)라 해서 정해진 시간 내 간단한 알코올 Liquor(위스키, 맥주, 와인 등)들과 몇 가지 음식들을 가볍게 즐길 수 있다. 최근 위스키를 살짝 마시고 있는 나는 연어와 과일 그리고 평상시 마시지 않았던 위스키도 한잔 마신다. 위스키 한 잔을 하고 간단하게 피트니스에서 운동을 한 뒤 숙면을 취한다.

다음 날, 4인 가족의 조식이 전부 무료로 제공된다. 먹을 것에 진심인 첫째 아들이 물놀이만큼 행복한 순간을 보내게 되는데, 이 순간만큼은 본인이 먹고 싶은 것들을 마음껏 맛있게 먹는다. 투숙일 다음 날, 오전 11시 체크아웃이 일반적이지만 역시나 상위 등급의 경우 호텔 내 예약 현황에 따라 레이트 체크아웃이라는 혜택을 받는다. 전에는 대수롭지 않게 여겼는데 아침 먹고 붐비는 시간대에 다 같이 체크아웃하는 것보다 여유롭게 정리하고 또다시 물놀이를 하는 경우가 꽤 있었다.

가장 늦게까지 있었던 레이트 체크아웃 시간은 오후 4시였다.

호텔 입장에서는 손해일 수 있겠지만 고객 입장에서는 확실히 대만족스러운 일정이었다.

물론 위의 얼리 체크인이나 레이트 체크아웃 등은 호텔 운영 사정에 따라 적용이 안 될 수도 있다.

바꿔 말하면, 매력적인 보상이 있다면 고객은 기꺼이 자기의 정보를 제공하며 브랜드에 충성도를 가지게 될 확률이 높아질 수 있단 것이다.

국내 많은 호텔&리조트 그룹사에서도 고객 관리에 대한 관심이 뜨겁다. 신라호텔&리조트, 롯데호텔&리조트, 조선호텔&리조트 외에도 파르나스 호텔그룹, 코오롱호텔&리조트, 글래드 호텔&리조트, 소노 호텔&리조트, 한화 호텔&리조트 등 국내 브랜드 호텔들이 점점 늘어가고 있다.

원고를 작성했던 작년 8월에는 없었지만, 탈고를 하는 24년 1월에 파르나스 호텔은 새롭게 리워드 프로그램을 론칭했다.

내가 디자인하는 새로운 라이프스타일 멤버십, 파르나스 리워즈

파르나스 리워즈는
그랜드 인터컨티넨탈 서울 파르나스, 인터컨티넨탈 서울 코엑스, 파르나스 호텔 제주, 나인트리 호텔 등
파르나스호텔이 운영하는 호텔에서 다채로운 혜택을 누릴 수 있는 통합 무료 멤버십 프로그램입니다.

나의 라이프스타일에 맞게 혜택을 선택하여 디자인하는 멤버십.
파르나스 리워즈와 함께 나의 여정을 나답게 채워보시기 바랍니다.

	회원 등급	C	W1	W2	W3	W4
	회원 등급 기준	신규 가입 시	1박 이상 또는 9,000 포인트	10박 이상 또는 150,000 포인트	30박 이상 또는 500,000 포인트	750,000포인트
	포인트 적립	2%	3%	3%	5%	5%
	웰컴 라운지				무료이용권 5매 (추후 반영)	본인 외 동반 1인 (추후 반영)
	Late 체크아웃					14시

〈파르나스호텔의 리워즈 사례 중 일부〉
출처: 파르나스 호텔 홈페이지
https://www.parnashotel.com/membershipIntroduction

[2023년 등급별 회원 혜택]

구분		플래티넘	골드	실버	클래식	비고
등급 조건	박 수	50박 이상 또는 70,000P 이상	25박 이상 또는 20,000P 이상	5박 이상 또는 1,500P 이상	가입 시	1가지 이상 충족시 적용
	유효적립 포인트					
포인트 적립률		10%	8%	6%	4%	변경
식음 할인		10%	10%	5%	5%	
Laundry 할인*		20%	15%	10%		
해온베딩 할인		20~25%	10~15%			
금액 바우처		$50 2매	$50 2매	$10 1매		변경
객실 업그레이드*		○	○			
클럽 라운지 동반 1인 무료 ①		○	○			
초과 숙박 실적 이월		○				변경

〈롯데호텔 그룹 회원 혜택 이미지 일부〉
출처: 롯데호텔 홈페이지
https://www.lottehotel.com/global/ko/hotel-offers/events/2022-12/benefits-renewal.html

SHILLA REWARDS

객실 및 식음업장 이용 실적에 따라 등급이 부여되며, 등급별로 추가 혜택을 받으실 수 있습니다.

	신규 가입	🌙 1박 또는 ⓟ 100 포인트	🌙 10박 또는 ⓟ 5만 포인트	🌙 50박 또는 ⓟ 20만 포인트

Brown
회원 가입 시

Silver
연간 1박 숙박 또는
100 포인트 적립 시

Gold
연간 10박 숙박 또는
5만 포인트 적립 시

Diamond
연간 50박 숙박 또는
20만 포인트 적립 시

Brown	Silver	Gold	Diamond
🎁 회원 전용 패키지	🎁 회원 전용 패키지	🎁 회원 전용 패키지	🎁 회원 전용 패키지
ⓟ 포인트 적립 · 객실 3%, 식음 1%	ⓟ 포인트 적립 · 객실 3%, 식음 1%	ⓟ 포인트 적립 · 객실 4%, 식음 1.5%	ⓟ 포인트 적립 · 객실 5%, 식음 2%
	🎫 앱 쿠폰 · 객실 1만P(연 1회/ 총 2매)	🎫 앱 쿠폰 · 객실 3만P(연 1회/ 총 1매) · 객실 업그레이드 (등급 유효기간 내 3회) +3회 중 1회는 스위트 객실 제공	🎫 앱 쿠폰 · 객실 10만P(연 1회/ 총 1매) · 객실 업그레이드 (등급 유효기간 내 5회) +5회 중 1회는 스위트 객실 제공
		🍴 할인 · 식음 할인 5%	🍴 할인 · 식음 할인 10%
		🎀 기타	🎀 기타

〈신라호텔 그룹 리워즈 사례 중 일부〉
출처: 신라호텔 홈페이지
https://www.shillahotels.com/membership/offers/benefits/memBenefitsindex.do

롯데호텔&리조트 그룹, 신라호텔&리조트 그룹과 함께 보고 싶은 점은 3개 호텔 그룹사가 모두 등급별로 포인트 적립률이 달라지는 것을 부각하였다는 점이다. 개인적으로는 리워드 내용이나 등급별 달성에 대한 난이도, 그리고 외국에 나갈 경우에도 이용할 수 있는 선택지가 있는 롯데호텔 쪽 리워드가 더 좋아 보인다.

그만큼 롯데호텔&리조트 그룹이 코로나 시기 회원 가입 및 타 채널에서 자사 회원으로의 전환율에 대한 퍼포먼스가 좋았고, 이를 위해 회원 유치 및 관리에 신경을 쓰고 있다고 생각된다.

오타쿠(OTAKU)가 답이다

CRM에 대한 설계만큼 리워드 프로그램이 굉장히 탄탄하게 준비되어야 할 것이다. 리워드 프로그램이라 하면 호텔이 설정한 특정 조건들을 달성했을 때 받을 수 있는 포인트 혹은 마일리지다.

그 리워드를 통해 다음 숙박을 예약하기도 하고 조식이나 석식 등의 부대시설을 이용할 수도 있어야 한다. 대부분 투숙 금액과 투숙 일자에 따라 등급이 나누어지고, 더 강력하게 관리를 한다면 호텔에서 설정한 고객의 멤버십에 등급별로 객실이나 부대시설 예약 시에 할인율을 다르게 적용할 수도 있어야 한다. 등급별로 리워드의 적립률이 달라지는 부분까지 리워드 프로그램 등은 이미 많이 고도화되어 가고 있고 벤치마킹할 부분도 많이 있지만 아직 적용되지 않은 부분도 있다.

바로 굿즈(Goods)이다.

특정 조건들이 충족될 때 받을 수 있거나 구매할 수 있는 스페셜 굿즈 등을 만들어 놓는다면, 충성고객은 더욱 많아지고 브랜드 파워는 더욱 커질 것이다. 호텔 체인 중에 아직 갖고 싶은 굿즈를 만든 호텔은 없는 것이 기회라 생각된다. 또한 그렇게 탄탄하게 준비된 리워드 프로그램 외에 매우 중요한 것이 고객에 대한 데이터 통합이다. 등급에 대한 혜택을 누리기에 호텔 단위에서 만족감은 매우 높았지만, 같은 브랜드의 호텔을 이용하면서 고객의 요청사항이 통합으로 관리되고 있다 느껴지진 않았다.

해당 부분을 가볍지만 간결하게 잘 준비된 시스템을 만들어 보는 것이 새로운 차별화 및 승부처가 될 수 있겠다고 생각한다.

'포카'(포토카드)라는 단어를 들어본 적 있는지…?

최근 솔로로 활동하고 있는 BTS 멤버 '정국'이 솔로 곡 〈세븐〉으로 〈SBS 인기가요〉 녹화에 참가했을 때 일이다. 정국은 '아미'(BTS 팬클럽명)들을 위한 특별한 선물 중 하나로 정국의 셀카가 담긴 포토카드를 준비했다. 포토카드는 케이팝 시장에서 크게 차지하는 굿즈 중 하나이며, 정국의 해당 카드는 한화 약 217만 원으로 거래되었다.

엠넷 예능 프로그램 〈TMI 뉴스 쇼〉(TMI NEWS SHOW)에서는 '기록 갱신! 케이팝 최초&최고 BEST' 차트를 다루며 정국의 포토카드가 최고가를 기록했다고 전했다. 정국의 작은 포토카드는 1장 가격이 무려 420만 원으로 알려졌다.

〈정국의 세븐 관련 포토카드〉

출처: 스타뉴스 기사 일부 https://www.starnewskorea.com/stview.php?no=2023051407212182461

살면서 마음에 드는 것이 한두 가지 정도는 있기 마련이다. 누구에게는 인형, 누구에게는 신발, 누구에게는 자동차, 피겨(Figure), 레고(Lego), 스포츠 카드 등등이 된다. 또한, 이 마니아 혹은 덕후 시장은 경기를 크게 타지 않고 꾸준하게 유지되고 있다.

호텔 리워드 프로그램에도 사람들이 다 갖고 싶어 하는 굿즈가 포함되길 희망한다.

굿즈에 좀 더 집중하게 된 이유는 이렇다. 특정 호텔에 방문했을 때 먹을 수 있는 '시그니처 메뉴'는 바로 먹을 때 만족감이 아주 높을 수 있지만 상대적으로 음식이다 보니 그 만족감은 매우 짧은 지속성을 갖고 있기 때문이다. 또, 모든 호텔이 다 F&B 업장을 갖고 있을 수도 없고, 시그니처 메뉴 개발을 하는 것도 쉽지 않다고 생각한다.

하지만, 내가 받을 수 있는 호텔 멤버십 카드도 등급에 따라 디자인이 다르고 특정 등급이 될 때 받을 수 있는 굿즈들이 있다고 한다면, 그 굿즈를 받기 위해서라도 멤버십에 가입해서 등급을 올릴 사람들이 있을 것이다.

호텔 멤버십 카드의 디자인이 중요하지 않다고?

이미 은행, 카드사에서는 마니아를 공략한 여러 사례들이 끊기지 않고 계속해서 나오고 있다.

2018년 다소 딱딱한 이미지를 갖고 있었던 기업은행에서는 '지드래곤 (GD)'을 모델로 사용한 카드를 한정판으로 선보였고, 2023년 신한카드에서는 건담 마니아들을 노린 건담 카드를 출시했다.

〈기업은행에서 지드래곤을 모델로 사용하여 신용카드를 발매했던 사례〉
출처: 아주뉴스 기사 중 일부 https://www.ajunews.com/view/20180222110134015

〈신한카드에서 건담을 사용하여 신용카드를 발매한 사례〉
출처: 신한카드 홈페이지 https://www.shinhancard.com/pconts/company/html/promotion/
press/1222053_3999.html

이런 굿즈 탐이 난다~

우리 호텔이 큰 대형 그룹사의 호텔이 아니어도 시작할 수 있는 것들
은 꽤 있다. 누구나 좋아할 수 있고 비교적 간단한 몇 가지 굿즈는

1. 의류 및 잡화

특정 등급이 되었을 때, 의류(예: 티셔츠)를 제공한다면?

– 다이렉트 예약 5번/10번/20번/30번 일 때, 각각 다른 티셔츠를 제공.

– 생일날 방문 시, 특별 한정 티셔츠를 제공

– 호텔 창립 기념일에 투숙 시, 손수건 제공 등등

2. 레코드 및 카세트 테이프

우리 호텔에 공용 공간에서 플레이 되는 음악을 CD/LP 포맷으로 새로운 굿즈를 만들어 본다면? 해당 부분은 아티스트와 협업도 가능하고 AI 음악을 사용하며 상업용으로 판매하지 않고 한정용으로 패키지를 이쁘게 해서 증정한다고 하면, 아티스트들에게도 좋은 기회가 되고, 음악을 좋아하는 애호가들에게도 좋은 이벤트가 될 수 있다.

예: Nohga hotel playlist를 tape으로 출시

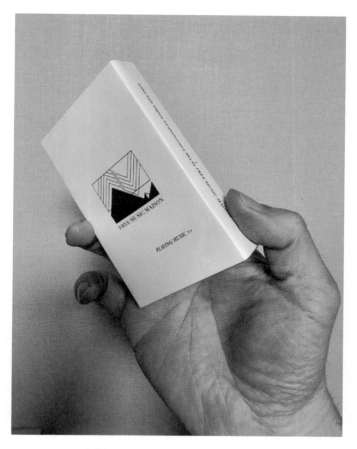

〈일본 노가 호텔에서 판매했던 카세트 테이프〉
출처: 본인 제공

　실제, 해외에서는 로컬 화가들과 협업하여 호텔의 내부, 외부 디자인

을 새롭게 진행한 성공적인 사례들도 있고, 우리나라에서도 최근 다이브

인 아트 스테이(Dive in Art Stay)라는 플랫폼이 국내 화가들과 협업하여

몇몇 객실을 새롭게 꾸며보고 있다.

3. fridge magnets(냉장고 자석)

여행을 좋아하는 사람들이 여행지에 대한 추억을 냉장고 자석으로 남기는 경우도 많이 있다. 이를 호텔에 적용해 보는 것도 재밌을 것이다. 각 호텔 방문 시 특정 조건을 충족했을 때 받을 수 있는 냉장고 자석 외에 전체 지점 투숙이 확인될 경우 받을 수 있는 한정판 냉장고 자석이 제공된다면?

여러 지점이 있는 체인 호텔이거나 운영사가 운영하는 다수의 호텔의 경우는 스탬프 챌린지를 접목할 수도 있다.
- 코오롱 호텔이 운영하는 경주 코오롱 호텔, 부산의 씨클라우드 호텔, 서울의 포코호텔을 이용했을 때 받을 수 있는 자석
- 전 지점을 다 이용했을 때 받을 수 있는 특별 냉장고 자석 등.

시즌마다 스타벅스에서 어떤 굿즈가 나오는지 주목받고 있으며, 시즌마다 사람들은 기꺼이 마케팅의 노예가 되는 것을 꺼리지 않는다. 커피 시장에서도 커피 맛 외에도 굿즈 애호가들과 마니아들 시장을 파악하여 다양한 시도를 하는 중이다.

호텔시장에서 마니아들을 자극할 수 있는 굿즈에 대한 연구과 고민이 필요한 시점이다.

코로나 시기에 더더욱 급성장한 시장인 스포츠 카드의 세계, 미국 프로 농구(NBA) 선수인 르브론 제임스(LeBron James)의 결승전 유니폼을 말해주는 트리플 로고 NBA 카드는 1장이 72억이라 한다.

〈NBA 선수 르브론 제임스의 트리플 로고 카드〉
출처: 마이데일리 기사 중 일부
https://mydaily.co.kr/page/view/20220608112922004383

호텔 마케팅 실험, 어디까지 해보셨나요?

아는 것이 힘이라는 말이 있다. 아는 만큼 보인다는 말도 있다.

확실히 아는 것이 많으면 도움이 되는 것이 많다. 그 측면에서 고객 관리 또한 많은 것들을 알고 싶은 것에서 출발해야 한다.

하지만 수많은 정보 중에 어떤 것이 더 중요한지는 조금 다른 문제이다.

위의 강릉 호텔 건으로 앞서 말했던 것처럼, 여러 지표 값 중에 어떤 것들이 우선순위가 될지 미리 정해 놓는 것이 중요하다.

마케팅을 하는 근본적인 이유는

1. 기존 고객의 재방문 유도 및 이탈 방지

2. 신규 고객의 유입이다.

기존 고객에 대한 재방문 유도로는 고객의 생일 등에 대한 기본 정보 외에 고객의 후기, 고객의 요청사항, 이용 일정, 객실 타입 등의 투숙 시에 받게 되는 정보들을 기준으로 알아볼 수 있다.

신규 고객의 경우 더 다양한 정보를 얻기 위한 구조를 짜는 것보다 기본적인 육하원칙에 좀 더 집중해 보는 것을 생각한다.

누가, 우리 호텔을, 언제, 이용하기 위해, 어떻게 들어왔으며, 수많은 호텔 중 우리를 찾는 이유가 무엇일까? 가 그 시작점이다.

코로나 기간, 해외여행 대신 많은 사람들이 국내 여행으로 호텔들을 이용했을 때, 많은 호텔들이 구글 애널리틱스(Google Analytics 이하 'GA')를 통해 홈페이지나 모바일 애플리케이션으로 들어오는 사람들을 파악하고 확인하며, 마케팅을 진행하기도 하였다.

나 역시, 지난 4년간 호텔들과 만나 홈페이지에 대한 부분을 상담하게 될 때, GA 설치 유무 및 간단하게 보는 방법 등을 알려드리면서 많은 호텔들과 호흡을 했었다.

이커머스(E-Commerce) 시장에서 신규 고객 유치와, 기존 고객 관리가 매출로 전환되는 매우 중요한 요소이기 때문에 GA에서 채워지지 않은 부분인 실시간 활동 유저를 확인하기 위한 다른 솔루션들도 이미 상용화되어 있다.

어떤 채널에서 우리 사이트에 들어와서 활동 중인지 실시간으로 알아보기 위한 앰플리튜드, 각 조건 값들을 걸어 놓으면 자동으로 다이렉트 메시지(DM) 발송이 가능한 브레이즈 등의 솔루션 등도 호텔업계에서는 아직 사용되는 사례는 못 봤지만, 많은 이커머스 업체들이 사용 중인 솔루션이다.

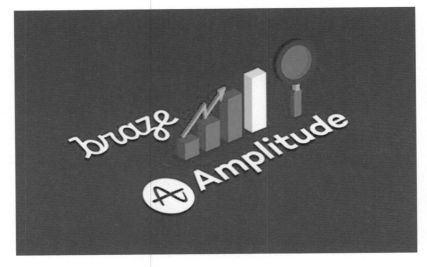

〈브레이즈, 앰플리튜드 솔루션 이미지〉
출처: 앰플리튜드 홈페이지
https://amplitude.com/blog/amplitude-braze-customer-experiences

이커머스 쪽에서 고객관리를 하는 이유 역시

1. 기존 고객의 재방문 유도 및 이탈 방지

2. 신규 고객의 유입이다.

앰플리튜드와 브레이즈 등의 솔루션을 찾아보다가 국내에도 유사한 서비스의 솔루션 회사들이 있다는 것을 알게 되었고, 국내 솔루션 회사를 알아보는 중에 챗지피티(Chat GPT)가 발표되었다.

특급호텔처럼 별도의 마케팅 담당자가 모든 호텔에 있지 않은 상황이며, 고객 관리의 기본인 DM에 대해서도 현재 너무 많은 업무량 때문에 쉽게 시작하지 못하는 부분이다. 이때 혜성처럼 나타난 ChatGPT에서 많은 가능성을 보고 있는 상황이다.

나사(NASA)에 IBM 컴퓨터가 도입된다는 소식을 접하자 자신과 동료들이 살아남을 길이 컴퓨터를 습득하는 것이라 예측했던 도로시 본, 실화를 바탕으로 만든 영화 〈히든 피겨스〉의 주인공이 생각난다.

별도의 솔루션이 아니더라도 구글 스프레드시트에 고객에 대한 데이터만 잘 수집하고 정리해 놓는다면,

자동으로 고객에게 DM 발송이 가능하게 된다. 그렇게 다양한 조건 값을 만들어 자동으로 발송을 시키는 것도, 그 DM들에 반응하는 고객과 소통하는 것도 역시 또 사람이다.

1. 생각해 보면, 우리 집도 아이들 생일날 주로 호텔을 이용한다. 같은 체인 호텔인 경우에도 재방문하는 경우 기억해 주시는 호텔이 있는가 하면 그렇지 않은 호텔도 있다. 그렇다 보니 주로 기억해 주시는 쪽으로 가고 있다.

그런데, 생일 전에 미리 할인 쿠폰을 주거나 특별 프로모션을 제안해 주는 경우는 아직까지 한 번도 없었다. 호텔에서 쿠폰을 미리 발송해서 사전에 대상자의 예약을 완료시키고 남은 객실들에 대한 세일즈를 고민하는 것도 호텔 입장에서 더 좋을 텐데.

또, 아쉬운 이유가 있다. 플래티넘 등급이 되는 과정에 많은 숙박을 경험했고 요청 사항들이나 기본적인 정보를 숙박 시에 많이 제공했음에도 불구하고 호텔은 매번 새롭게 물어봤다. 이에 수집하는 데이터들에 대한 정리가 시스템에 잘 정리되어 있지 않다고 생각하고 있다.

고객도 호텔도 아직 기회는 많이 있다.

2. 고객과의 소통을 위해 개인정보 활용에 대한 동의를 받아야 한다.
지금까지 일반적으로 호텔에서는 고객 등록 카드라는 종이를 사용하
고 있다.

최근 몇몇 호텔에서 패드 등의 태블릿들로 해당 종이를 대처하고 있
다. 카카오톡, 라인 등 많이 사용되는 메신저 앱에서 별도의 서비스를 통
해 해당 업무를 대신한다. 불필요한 종이 사용을 줄일 수 있는 데다가,
데이터 수집과 관리에 용이하다.

그렇다면 생각해 볼 부분은 어떻게 하면 더 자연스럽게 고객들에게 접
근하고, 고객들이 기꺼이 본인의 정보를 업데이트하게 할 수 있을까? 하
는 점이다.

Z세대들은 본인의 개인정보 수집 및 활용에 대해 좀 더 적극적으로 열
려 있다고 한다. 만약, 구글이나 카카오가 개인정보 마켓이라는 별도의
플랫폼을 만들어 개인정보 활용 시, 각 개인에게 리워드가 지급될 수 있
다고 한다면 고객들의 정보를 얻고 관리하기가 더 쉬워질까? 대중교통

승하차 시 핸드폰으로 태그할 때 결제가 되는 것처럼 객실이나 부대시설, 로비 공간에서 핸드폰을 태그하면 내가 허용한 나의 개인정보들이 시스템에 업데이트될 수 있을까?

안면인식으로 호텔 체크인하는 것에 대해 아직까지 부정적인 시각이 많지만, 안면인식을 통해 고객의 건강 상태를 체크할 수 있다고 하면 개인과 정부는 좀 더 바이오 인증에 오픈에 대해 적극적일까?

로봇 손맛 치킨? 로봇 바리스타 커피?

많은 직장인들의 아침을 책임지는 커피와 한국인이 가장 많이 사랑하는 음식인 치킨도 이제는 로봇 바리스타와 로봇 셰프를 통해 만들어지고 있는 실정이다. 3D 프린트기를 통해 음식을 먹을 수 있는 미래도 조만간 올지 모르겠지만 2024년을 살고 있는 우리는 로봇이 만든 커피, 피자, 치킨뿐 아니라 다양한 음식을 이미 맛보고 있다.

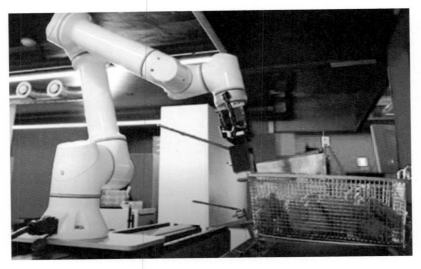

〈로보아르떼에 로보트가 치킨을 튀기는 모습〉
출처: 유튜브-RobertChicken[로버트치킨] 채널 영상 캡처
https://roboarete.com/content/robot

　가족들이 좋아하는 호텔 중 하나인 유명한 경기도에 있는 어떤 호텔의 시그니처 메뉴가 프라이드 치킨이었다.

　호텔을 찾은 고객들의 후기 중 룸서비스로 시킨 프라이드치킨에 대한 이야기가 참 많았다.

　또 어떤 호텔은 장소적으로 엄청난 이점을 갖고 있었는데, 바로 호텔 앞에 바다가 넓게 보이는 환상적인 뷰를 갖고 있단 점이었다. 하지만, 호텔 내부 F&B 매장의 메뉴들의 종류가 제한적이고 주변의 식당가까지는 꽤 거리가 있는 단독 건물이라 아쉬운 부분이 있었다.

이번에 로봇 치킨을 도입한 GS25 측은 "로봇을 도입하면 치킨 조리의 편의성과 안전성을 확보할 수 있고 상품의 균일한 맛과 위생관리에도 도움이 될 것"이라고 전했다. 로봇 셰프들이 좀 더 상용화된다면 호텔 내 근무인원과 고객의 주문 시간에 제한이 없는 또 하나의 서비스가 가능해질 수 있다.

현재 국내 호텔 시장에서 가장 어려운 부분 중에 하나가 호텔 근무자의 절대적인 부족이다. 코로나 기간, 고용주의 관점이나 근무자의 여러 가지 사정으로 호텔리어들이 아쉽게 많이 떠나게 되었다. 2019년 약 7만 명이었던 국내 관광 숙박업 종사자가 2023년 5만 명으로 줄어들었다. 특히 고객을 제일 처음 마주하는 프런트 데스크의 호텔리어들은 코로나가 끝난 지금도 다시 돌아오지 않고 있고 그로 인한 호텔의 비대면 서비스는 더욱 가속화된 상황이다.

이를 반영하듯, 호텔 전시회 등에서는 2019년도에 비해 2023년 호텔 테크 분야에서 키오스크나 모바일 체크인 등의 비대면 서비스가 많이 보이고 있다.

비단, 프런트 근무자들뿐 아니라 호텔 내의 부대업장도 같은 상황이다. 투숙객들이 조식을 먹으려 해도 근무하는 셰프가 없어 조식당이 운영되지 않고 있는 사례도 있었다. 또, 조식당을 별도로 운영하지 않는 몇몇 인접권에 있는 호텔들은 공동구매 형식으로 밀키트를 주문하려는 움직임도 있었다.

셰프가 없어 조식당이 운영되지 않았던 호텔들에 로봇 요리사가 도입되면 어떨까?
근무자들의 부족으로 룸서비스를 딜리버리를 로봇들이 한다면….

실제로, 로봇 딜리버리를 운영하고 있는 호텔을 경험해 보았다. 용산에 있는 드래곤시티 호텔이었는데, 룸서비스를 사람이 아닌 로봇이 배달을 한다. 아이들은 사람이 아닌 로봇이 움직이면서 배달하는 것에 대해 더 신기해하고 재밌어하며 내려가는 로봇을 엘리베이터까지 마중하기도 하였다.
코로나 기간에 생긴 변화 중 하나가 로봇 딜리버리에 대한 거부감이 많이 사라진 것이라는 생각이 든다.
이제, 로봇 셰프 외에 또 다른 로봇 도우미를 이야기해 보자.

숙박시장에 획기적인 와일드카드, 로봇 도우미

현대자동차에서 인수한 보스턴 다이나믹스 아틀라스, 그리고 전기차로 유명한 테슬라에서 휴머노이드 로봇(옵티머스) 등을 만들고 고도화하고 있다.

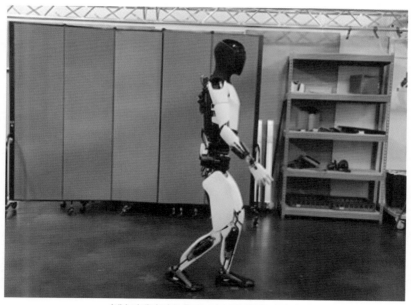

〈테슬라에서 만든 휴머노이드 로봇인 옵티머스〉
출처: 유튜브 - 테슬라 채널 캡처
https://www.youtube.com/watch?v=cpraXaw7dyc

2021년에 처음 콘셉트를 공개했고, 2023년 데모데이 때 높은 수준의

보행능력, 자세제어, 정밀한 손작업 등의 능력을 보여준 테슬라는 보스턴 다이나믹스의 아틀라스와 비교했을 때 굉장히 단기간 내에 기능들이 점점 고도화 및 안정화가 되어 가고 있다.

여담으로 주식에 대해 굉장히 보수적인 시각을 갖고 있던 나조차 2019년 가사도우미 로봇에 대한 소식을 접하고 테슬라의 주식으로 주식을 처음으로 시작하였다.

이 가사도우미 로봇을 보았을 때 생각했던 것은 바로 하우스키핑이었다. 호텔에서 가장 많은 인원이 필요한 영역이기 때문이다. 매일 호텔에선 손님이 객실을 이용하고 난 이후, 이용한 객실을 다시 정비하는 하우스키핑 업무가 있다. 호텔에서 하우스키핑 영역은 크게 해당 인력들을 호텔 내 정규직으로 직접 고용하는 형태와 외주 용역 업체와 계약을 맺고 진행을 하는 2가지 형태로 구분되어 있다.

예를 들어, 100개 객실을 지닌 호텔이라고 한다면, 프런트 8~9명, 하우스키핑 12~14명, 시설 1명, 재무 1명 정도의 인력으로 운영이 되고 있다. 이 중 하우스키핑 담당자가 제일 많다. 평균적으로 한 근무자가 하루 동안 객실 10~11개 정도를 정비하게 되는데, 호텔 근무자의 부족으로 여

전히 해당 부분에 대한 인력 수급이 어렵다.

만약 이런 부분에 이 가사도우미 로봇이 활용된다면 어떨까? 사용했던 침대와 린넨 등을 수거하고 새롭게 침구류를 정리하는 베드 메이킹을 가사 도움이 로봇이 할 수 있지 않을까?

호텔 체크아웃 시간인 11시에 맞추어, 오늘 정비할 객실 리스트를 각 담당자에게 할당한다. 담당자들은 배정받은 객실들을 정비하면서, 고객의 분실물(Lost&Found) 업무도 겸하고, 객실 내 하자 보수에 대해서도 알고 있어야 한다. 정비하는 과정 중에, 호텔 내 VIP가 오거나, 다른 긴급 상황이 발생하여 다른 객실을 먼저 정비해야 하는 경우가 발생하기도 한다. 해당 로봇이 활용이 된다면 고객이 언제 퇴실을 하든지 객실 정비를 지금보다 훨씬 가볍게 진행할 수 있게 된다.

이러한 것을 기반으로 좀 더 추가적인 상품도 가능할 수 있을 것이다. 구독료를 내고 여러 호텔의 피트니스 센터와 샤워 시설을 이용할 수 있게 해주던 스타트업이 기억난다. 구독료를 내면 호텔 내부에 있는 콘텐츠들을 1시간이나 2시간 정도 사용할 수 있게 된다. 이를 통해 호텔에서 실내 보드를 타거나 농구를 할 수 있다.

또, 전날 무리를 했거나 컨디션이 좋지 않아 잠시 휴식이 필요한 점심 시간 1~2시간을 객실에서 쉬면서 샤워까지 할 수 있다고 하면 호텔에서도 숙박 체크인 시간 전, 좀 더 활용할 수 있는 범위가 많아질 것이다.

이럴 때, 가사도우미 로봇들의 활약이 기대된다.

참고로, 지난 미디어 데이 때 발표된 테슬라의 로봇 옵티머스는 예상 출고가가 2700만 원이라 한다.

로봇 딜리버리, 활성화 전략

국내에도 스피커를 통해 룸서비스 및 객실 내부를 제어할 수 있는 솔루션들이 있다. KT에서 서비스하는 '기가 지니'라는 서비스로 객실 내부 제어와 룸서비스 로봇이 딜리버리를 해주는 서비스이다. 이를 통해 Light On/Off 등에 객실 조명 제어, 커튼을 열고 닫는 커튼 제어, TV 시청, 룸서비스 요청 등 여러 가지 기능이 있다. KT 관계자분에게 가장 많이 사용되는 기능을 여쭤봤을 때, 현재까지는 '음악 재생'이라고 들었다. 또한, 스피커로 외국인들의 요청사항들을 학습하는 중이라고. (2023년 3월 기준)

딜리버리 로봇은 있으면 분명 편하고 좋다. 하지만, 로봇 한 대만 도입한다고 끝나는 부분이 아니다. 이용하는 객실에 올라가기 위해 엘리베이터 내부 패드에 객실 카드 키를 태그해야 해당 층으로 갈 수 있다. 로봇이 엘리베이터에 탑승했을 때에 카드 키를 태그해야 하는 경우에 대한 작업이 필요하기 때문에 별도의 공사가 필요하다. 또한, 해당 객실 문 앞에서 고객에게 초인종을 울릴 것인지, 아니면 요청했던 고객에게 별도의 알람을 제공할지에 따른 공사 등 로봇 도입에는 여러 가지 연계된 솔루션들이 많다.

이러한 여러 가지 이유로 현재 딜리버리 로봇은 일부 특급호텔에서만 사용되고 있다. 호텔 시장 내 과반수가 넘는 비즈니스 호텔에서 사용하기에 아직까지는 확산이 덜하다. 딜리버리 로봇을 직접 도입하기가 부담된다면 배민(배달의민족)의 딜리나 LG와 협업하여 로봇 딜리버리를 호텔에서 서비스할 수 있다면 어떨까?

딜리버리 로봇이 24시간 365일 운영될 수 있기 때문에, 호텔에서는 해당 부분에 대한 인력 절감이 있다. 또, 호텔 내부에 F&B(Food & Beverage) 매장이 없는 경우에도 호텔 인근 매장에서의 음식을 딜리버리 로봇이 배달할 수 있게 된다.

호텔은 로봇 딜리버리 사용량을 감안하여 월 유지 보수 비용으로 이용할 수 있겠다. F&B 매장이 없다는 점에 한계도 극복할 수 있고, 이용객들이 좋아하는 메뉴, 이동 거리 등의 귀한 데이터들을 확보함으로 새로운 비즈니스에 기회가 될 수도 있다.

〈배달의 민족이 서비스하고 있는 딜리버리 로보트, 딜리〉
출처: 한국 디자인 진흥원 홈페이지
https://www.designdb.com/?menuno=1432&bbsno=1320&siteno=15&act=view&ztag=rOOABXQ
AOTxjYWxslHR5cGU9ImJvYXJkiiBubz0iOTkwliBza2luPSJwaG90b19iYnNfMjAxOSI%2BPC9jYWxsPg
%3D%3D#gsc.tab=0

인공지능 챗봇 2.0

스피커와 일부 호텔들이 사용 중인 챗봇을 연계하면 어떨까? 호텔의 문의사항 등을 채팅으로 챗봇에게 일일이 물어보지 않고 스피커를 통해 궁금한 것을 묻고 바로 해결될 수 있다면 좀 더 편리할 것이다.

현재 인공지능 챗봇 서비스도 조금씩 구현되고 있는 것 같은데, 자주 묻는 질문들(FAQ)은 챗봇 빌더를 사용해서 비교적 간단하게 셋업이 가능하다. 그 외에 특이사항에 대해서만 비대면 채팅이나 직접 통화연결로 서비스할 수 있다면 좀더 편리하겠다. 객실 내부에 비치되어 있는 태블릿 pc나 체크인 시 받게 되는 문자나 메신저 앱을 통해 룸서비스나 부대시설 안내 등을 받아보는 경우도 있다. 이런 서비스들이 역시 스피커와 연동된다면 확장성이 더 커질 수 있다.

추가로 호텔 시설 외 주변 시설의 예약과도 연계가 된다면 그 시장은 더욱 커질 것이다.

해당 부분은 국내 기업에서는 네이버, 카카오, 삼성과 KT가 글로벌 기업에서는 구글이나 아마존이 주변 정보들과 연계하는 서비스를 가장 잘 할 수 있는 조건을 이미 갖추었다 생각한다. 업무 효율화를 위한 자동화가 아닌 고객 관점에서 해당 솔루션들의 연동 or 서비스가 론칭된다면 굉장히 스마트한 여행을 즐길 수 있게 된다.

예를 들어, 빅스비(Bixby)를 운영하고 있는 삼성이나 시리(SIRI)를 갖고 있는 애플이 해당 시스템들(RMS 및 PMS 등)와 연동이 된다면? 빅스비에게 2028년 내가 가보고 싶었던 나라 중 3곳인 베트남, 괌, 태국에서 2028년에 가장 여행하기 좋은 시기와 항공과 호텔이 저렴한 날짜를 몇 개 추천받을 수 있게 된다. 일정이 여유가 있어 10일 정도 휴가를 낼 수 있다면 항공은 여러 나라를 경유하는 다채로운 루트로도 추천을 받을 수 있을 것이다.

호텔 선택에도 필수적인 선택 요소들을 조건으로 하여 일정에 맞춰 다양한 호텔도 추천받을 수 있게 된다. 3개 여행지 중 내가 괌을 선택했다면, 비가 많이 내리는 우기가 아닌 1월에서 4월 초 사이에 요금들을 추천받는다. 내 기본 데이터를 바탕으로 맞춰진 괌에서 즐길 수 있는 액티비티들과 호텔들을 스마트하게 추천받고 빅스비를 통해 예약을 하면 된다. 예약된 일정들은 내 구글이나 삼성 캘린더에 자동으로 저장이 되며 알람을 받게 되어 있다.

아이언맨의 자비스처럼 나만의 인공지능 비서의 도움으로 스마트한 여행을 즐길 수 있게 된다. 2023년, 싱가포르에서 진행했던 Hotel Tech 에 방문했다. 이 중에 인공지능 챗봇을 활용하여 여행 루트를 만드는 솔루션도 보였다.

최근 제품 안내에 대해 홀로그램을 이용한 컨시어지 서비스를 통해 보다 발전된 방법으로 고객의 취향도 더 자연스럽게 받을 수 있겠다는 생각이 들었다. 기존에 호텔에서 체크인 시에, 종이로 받던 등록카드들이 이제 패드 등 기기에서 좀 더 자연스럽게 받고 있는 부분을 보면서 많은 사람들이 종이보다 디지털 기기에 익숙해져 간다 생각하게 되었기 때문이다. 지금도 챗봇에서 어떤 언어로, 어떤 요청사항들을 물어봤는지에 따라 각각 다른 통계 값을 받을 수 있겠지만 ChatGPT가 도입된 홀로그램 컨시어지를 통해 고객은 좀 더 편리해지고 호텔은 좀 더 손쉽게 고객의 데이터를 받을 수 있겠다는 생각이 든다.

〈제품을 카메라로 찍으면, 홀로그램 안내문이 나오는 사례(one 1 day)〉
출처: Immertia 홈페이지
https://immertia.io/interactive-ai-packaging-to-revolutionize-shopping/

홀로그램 컨시어지를 통해 내 요청 사항들을 전달하면, 호텔에서는 호
텔 내부 부대시설 안내도 및 수영장의 혼잡도를 알려주거나, 현재 룸서
비스 진행 현황 등을 보여주는 것이 그 예가 될 것이다.

또 다른 사례로, 자동차의 내비게이션 부분에서는 이미 적용이 되어

있는 HUD(Head Up Display)나 제조업에서 활용되고 있는 디지털 트윈

(Digital Twin)[5] 등의 기술이 이제 개인의 휴대전화로 들어오고 있다.

〈자동차 앞 유리에 안내를 HUD를 사용하여 보여주는 모습〉
출처: 테크월드온라인뉴스 중 일부
https://www.epnc.co.kr/news/articleView.html?idxno=233790

---

5) 디지털 트윈(Digital Twin)은 물리적인 물체를 정확하게 반영하도록 설계된 가상 모델입니다. 가령, 풍력 터빈
과 같은 연구 대상에는 중요한 기능 영역에 대한 다양한 센서가 장착되어 있고, 센서는 에너지 출력, 온도, 날씨
조건 등과 같은 물리적 물체에 내재된 성능의 다양한 측면과 관련한 데이터를 생성합니다. 그 후 해당 데이터
는 처리 시스템으로 전달되며 디지털 복사본에 적용됩니다.

〈자동차 공장에서 시뮬레이션을 디지털 트윈으로 활용한 사례〉
출처: 에이아이타임즈 기사 중
https://www.aitimes.com/news/articleView.html?idxno=136248

자동차에서는 구글 맵(Google Map)을 통해 길 안내를 받을 수 있다. 핸드폰 액정 자가 교체 수리를 한다고 했을 때, 유튜브 영상을 검색해서 본다고 해도 이는 지극히 어려운 일이다. 하지만, 홀로그램 가이드를 받는다면 무척 쉬워지지 않을까? 홀로그램이 적용된 길 찾기를 하는 것도, 혹은 특정 데모를 시연하는 것도 훨씬 효과적일 수 있다.

무언가를 학습하거나, 정보가 전달되는 것에 글자보다 영상이 조금 더 효과적인 것처럼, 미래에서는 내가 직접 홀로그램 선생님의 가이드를 따라 행동해 보는 것으로 바뀔 수 있다고 본다.

특히 최근에 많이 서비스되고 있는 AI 베이스의 운동 추천 프로그램과 홀로그램이 만나게 된다면 굉장히 재밌는 서비스가 나올 것이다.

시스템의 자동화를 통해
기존에 일일이 수작업으로 했던 업무에서 조금 더 자유롭게 되며,
그 자유로움으로 사람만이 할 수있는 고유의 '환대 서비스'에 집중하는 것이
미래 호텔의 방향성이자 차별성이라 생각한다.

PART 2.

서비스:
미래 호텔의 새로운 인프라와
고도화된 서비스

Chapter 3. 친환경 건축, 자연 에너지 활용

2020년대를 넘어 지구 온난화에 대한 이야기, 탄소 배출, 플라스틱 등 여러 환경문제에 대한 이야기들을 더 많이 듣게 된다. 요즘 젊은 세대들의 소비 특성 중 하나가 다른 기업보다 친환경 기업을 선호한다는 이야기도 들었고, 예전보다 더 많은 스타트업 대표들이 환경을 살릴 수 있는 서비스를 고민하고 있다는 훈훈한 이야기를 들었다. 미래 호텔은 건물의 설계 및 건축 등의 외형 등의 하드웨어(Hardware)뿐 아니라 내부 에너지 사용에 대한 인프라 그리고 객실 내부에 어메니티(Amenity)까지 지금보다 조금 더 환경을 생각해서 만들어질 것이다.

친환경 건물, 건축의 실제 사례를 찾아서

미래의 호텔은 주변 환경을 최대한 이용하거나 극복하며, 이를 호텔 외관/내부에 매끄럽게 통합하는 건축 디자인이 될 것이다. 이미 태양열 에너지 및 풍력 에너지를 사용할 수 있는 호텔이 있다.

또, 효율적인 설계, 순환 펌프 등을 활용하여 물을 최대한 재활용하여 객실 내에 플라스틱 생수병 대신 정수기를 설치, 폐기물 감소에 중점을 둔 친환경 호텔들이 있다. 옥상 정원, 수직 녹지 공간들을 활용해 탄소 중립에 기여하고 있는 호텔들이 늘어나고 있으며, 스마트 환기 시스템으로 에너지 낭비를 최소화하면서 신선한 공기를 지속적으로 공급하는 쇼핑몰이 있다.

호텔은 이제 자연과 조화를 이루도록 설계되어 고객과 환경 사이의 조화로운 관계를 더 추구할 것이다.

예시 1.

싱가포르에 있는 팬 퍼시픽 오차드 호텔(Pan Pacific Hotel Orchard)

싱가포르에 있는 팬 퍼시픽 호텔 앤 리조트(Pan Pacific Hotels and

Resorts) 그룹은 지속 가능한 원칙과 환경을 고려한 디자인으로 유명한 싱가포르 기반 건축 회사인 WOHA의 작품이다. 호텔은 또한 BCA Green Mark Platinum 인증을 받았다. BCA Green Mark Platinum는 건물 및 건설 프로젝트의 지속 가능성을 측정하고 인증하는 시스템이다. 싱가포르 건축 및 건설 규제 기관(Building and Construction Authority of Singapore, BCA)에 의해 운영되며, 지속 가능한 건물 설계 및 운영을 장려하고 환경 친화적인 방식으로 건설 프로젝트를 촉진하기 위한 목적으로 만들어졌다.

그룹에서 새롭게 선보인 플래그십 호텔인 팬 퍼시픽 호텔 오차드(Pan Pacific Hotel Orchard) 호텔 전체에는 14,000㎡에 달하는 식물과 분수, 높은 천장의 야외 로비, 빗물 수집, 태양열 패널 기술, 바이오 소화 시스템과 같은 에너지 절약 기능이 있다. 또한, 객실 내 정수기나 재사용 가능한 생수병을 사용하게 함으로 호텔은 투숙객들에게 친환경 가치관을 심어주는 노력을 시행하고 있다.

〈싱가포르에 있는 Pan Pacific Orchard(팬 퍼시픽 오차드)호텔 전경〉
출처: 팬퍼시픽호텔 홈페이지
https://www.panpacific.com/en/hotels-and-resorts/pp-orchard-sg.html

〈호텔 내부 공용공간에 녹지 공간을 활용한 모습〉
출처: 본인 제공_Pan Pacific Hotel Orchard 외관

예시 2.

싱가포르에 파크 로열 컬렉션(Park Royal Collection)

싱가포르에서 열린 전시회 중 Travel Tech Asia 2023(트래블 테크 아시아)에 참여하면서 Pan Pacific Hotel Orchard를 직접 볼 수 있었다. 그런데 숙소에서 멀지 않은 곳에 또 하나 눈에 띄는 호텔이 있었다. 바로 파크 로열 컬렉션 호텔(Park Royal Collection Hotel)이다.

싱가포르 내 이동을 위해 공유 이동 수단인 그랩(Grab)을 이용하였을 때, 친절하게 말을 거는 운전사분이 있었다. '싱가포르에는 왜 왔냐? 어디서 왔냐?' 이런 질문들을 받았다.

한국에서 왔고, 첫 싱가포르 방문이라 너무 재밌다. 그리고 호텔 관련 전시회를 갈 예정이고, Pan Pacific Hotel Orchard처럼 조금 미래를 생각하는 호텔을 보고 싶어서 왔다고 하니, 운전수가 소개해 준 그 호텔이 바로 파크 로열 컬렉션 호텔이었다. 2023년 오픈한 파크 로열 컬렉션 호텔은 녹지 공간을 호텔 내부에 굉장히 많이 할애함으로 고객들에게 더 많은 친환경적 가치를 보여주고 있다.

〈내부 곳곳에 녹지공간을 잘 배치한 호텔의 모습(싱가포르 파크 로얄 컬렉션 호텔)〉
출처: 본인 제공_Park Royal Collection hotel 외관

〈파크 로열 컬렉션 호텔 로비 공간〉
출처: 본인 제공_Park Royal Collection Hotel Lobby

5층에 위치한 테라스의 Garden Walk(산책로)를 걷다 보면, 새로운 경험을 할 수 있다.

산책로를 걸어가는 중 단순한 조경 차원에서의 녹지 공간이 아닌 내가 정말 삼림 속에 걸어가는 듯한 생각이 들 정도이다. 녹지공간을 만든 것은 사람이지만, 그 인위성을 뛰어넘을 정도로 자연성이 느껴졌던 그곳. 재밌는 것은 앞의 2가지 예시 사례가 하나의 브랜드인 Pan Pacific Hotel Group이라는 점이다.

빌딩 숲으로 둘러싸인 도시국가인 싱가포르에서 자연을 접하는 것이 어렵기 때문에, 많은 건물들에 녹지 정원들이 늘어나고 있는 것 같다는 싱가포르 지인의 말을 들었다.

듣고 보니 꼭 호텔이 아니더라도 중간중간 녹지 정원이 있는 건물들을 자주 볼 수 있었다.

예시 3.

짐바브웨의 이스트게이트 센터(the Eastgate Center)

1999년에 건물을 완공한 짐바브웨 건축가 믹 피어스(Mick Pearce)는 짐바브웨에서 가장 큰 상업용 건물인 The Eastgate Center in Zimbabwe 에 흰개미의 생체모방 기술을 사용하여 자연 냉각 시스템을 만들었다. 거대한 돌기 요소는 태양으로부터 작은 창을 보호할 뿐만 아니라 건물의 외부 표면적을 증가시켜 밤에는 공간으로의 열 손실을 개선하고 낮에는 열 증가를 최소화한다. 해당 시설은 속해 있는 하라레(Harare) 지역에 있는 다른 6개의 기존 건물의 평균 소비량보다 총 에너지를 35% 적게 사용한다.

또, 전체 HVAC와 비교하여 자본 비용 절감은 총 건축 비용의 10%였다. 다른 건물이 부실한 유지 관리로 인해 주 전원 또는 HVAC가 자주 중단되는 불상사를 겪는 동안, 이 센터는 큰 문제없이 계속 작동되었다.

〈에어컨 없이 냉방 문제를 해결한 짐바브웨의 이스트게이트 센터 외관 모습〉
출처: The Earth Bound Report
https://earthbound.report/2020/05/15/building-of-the-week-eastgate-zimbabwe/

태양열, 빗물 등 자연 에너지 활용 실제 사례

또, 호텔은 효율적인 측면에서 새로운 시도들을 더 진행할 것이다. 태양광 혹은 바람을 이용하여 호텔에 모든 전기를 활용하는 방법도 더욱 확산될 것이다. 빗물을 모으거나 펌프 구축 및 파이프의 설계로 호텔에서 사용되는 물을 재활용하는 솔루션들도 더 보편화될 수 있다. IoT 솔루션으로 태양광, 바람, 빗물 등의 자연 에너지 사용량을 모니터링하며 필요 시에만 에너지를 사용함으로 불필요한 에너지 낭비를 방지한다.

예시 1.

모듈러 호텔, 일본의 위저(Weazer)

WEAZER는 태양광 발전으로 전기를 만들고 빗물을 여과 · 멸균하여 물을 만들어 에너지를 자급하는 오프그릿형(Off-Grid)[7]의 거주 모듈이다.
에너지를 자급하기 때문에, 전기 · 가스 · 수도 등의 인프라가 없는 장소에서도 설치할 수 있다. 유닛화된 'WEAZER'는 며칠 공사로 설치할 수 있기 때문에, 두는 것만으로 전 세계 어디서나 자연을 손상시키지 않고 머무를 수 있게 된다.

---

7) 오프그릿형은 제조업이나 생산 과정에서 사용되는 제품의 형태 중 하나이다. 이 용어는 주로 기계 공학, 제조업, 및 설계 분야에서 사용되며, 제품의 형태나 디자인을 묘사할 때 자주 등장한다.

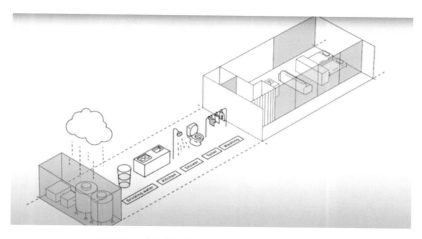

〈빗물을 모아 호텔에서 물을 재활용하는 사례(WEAZER)〉
출처: 위저 홈페이지
https://weazer.jp/

빗물을 모아 사용되는 물 중 호텔에서 재활용이 가능한 영역으로 다음의 부분들이 있다.

화장실 플러싱

수많은 사람들이 매일 호텔을 이용하고 있고, 화장실을 사용하고 있다. 물은 숙박 시설 내 변기에서 물을 내리는 곳에 가장 많이 사용된다. 변기에 물을 내릴 때, 모아진 빗물이나 재활용된 물을 사용한다면, 훨씬 더 효과적이며, 효율적일 것이다. 추가 처리 및 소독 없이 효과적으로 물을 내리는 역할을 수행한다는 점을 고려하면 이는 상당히 경제적이다.

냉각탑

일반적으로 건물에서 물을 가장 많이 소비하는 곳은 단연 냉각탑이다. 에어컨이 설치된 방의 평방미터당 약 40리터의 물을 사용한다고 하니, 빗물 수집 설비를 냉각탑에 연결하고 이 수집된 물을 냉장 목적으로 사용하는 것이 훨씬 더 합리적이다.

세탁 시설

호텔에서 세탁은 냉각탑만큼 급격하게 물을 낭비하지는 않지만 상당히 많은 물을 사용하고 있다. 통계적으로 한 가정이 매일 밤 세탁기로 약 35리터의 물을 사용한다고 한다. 린넨과 시트를 지속적으로 세탁해야 하기 때문에 호텔은 세탁기를 가장 많이 사용하는 곳이다. 이때 사용되는 물을 빗물 수확과 연계하면 상당히 효율적으로 물을 소비할 수 있다.

그 외 용도

앞서 언급한 수직 공원이나 옥상 정원 등 호텔 주변에 녹지를 가꾸고 지키기 위해서도 물이 필요하다. 현재 빗물 수확 아이디어가 완전히 활용되지는 않았지만 기술이 발전함에 따라 그 완성도와 활용도는 더욱 늘어날 것으로 기대할 수 있다. 그렇기에 빗물 수집의 활용 범위는 호텔 산업에서 실용적이고 경제적으로 사용할 수 있는 많은 흥미로운 잠재력을 보여준다.

일회용 플라스틱 사용을 줄이기 위해 음료에서도 라벨지가 없는 음료수들이 많이 출시되고 있다. 호텔에서도 생분해성 세면도구 및 재사용 가능한 물병과 같은 친환경 대안을 사용하고 있다. 일부 호텔에서는 생수 대신 정수기를 활용하는 것도 적극 검토 중에 있다.

호텔 내부에서 진행되는 재활용 프로그램 및 폐기물 분리가 호텔의 표준 관행이 될 것이다. 추가적으로 호텔에서 식재료를 공급받을 때, 지역 농산물을 가급적 우선시하여 지역 농민을 지원할 수 있게 된다면, 지역 농산물 유통 및 공급에 대한 교통 관련 배출량을 줄일 수 있게 될 것이다. 이 또한 미래 호텔의 친환경 행동 수칙 중 하나가 된다. 이는 교통 관련 배출량을 줄이는 장점 외에도 지역 농산물의 특성을 살린 독특한 메뉴를 제공함으로 호텔 투숙객들에게 또 다른 소중한 경험을 제공할 수 있다.

예시 2.

미국 라스베가스의 만달레이 베이 호텔(Mandalay Bay)

미국 최대의 옥상 태양광 패널

만달레이 베이(Mandalay Bay)는 미국 라스베이거스에 위치한 시설 중 가장 광범위한 컨벤션 시설 중 하나로, 약 4,700개의 객실(Four Seasons 및 Delano 호텔 포함)과 수백만 평방 피트의 컨벤션 공간으로 인해 에너지가 소비되는 부분은 막대하다. 만달레이 베이는 에너지 사용과 기후 변화 사이의 연관성을 인식하고 탄소 배출량을 줄이기 위해 컨벤션 센터 꼭대기에 미국 최대의 옥상 태양광 패널을 설치하는 대담한 작전을 실행했다. 만달레이 베이 컨벤션 센터(Mandalay Bay Convention Center) 꼭대기에 있는 26에이커, 8.3MW 태양 전지판은 친환경 호텔로서 지속 가능성에 대한 약속과 저탄소 경제로의 운영 전환을 나타낸다.

에너지 절약 프로그램

에너지 관리는 만달레이 베이에서 가장 중점을 두는 부분이며 난 이곳에서 에너지 절약의 진전을 목격했다. 2012년에서 2017년 사이에 에너지 효율성 투자로 평방 피트당 전기를 3.5% 감소시켰다. 약 600개 미국 가정의 평균 연간 소비량과 맞먹는 전기 소비량을 감소시킨 것이다.

호텔은 리조트 전체에 걸쳐 250,000개 이상의 백열전구를 LED 등으로 변경함으로 지속 가능한 호텔로서 기능하도록 하기 위한 지속적인 작업을 실행했다. 이러한 변화로 인해 호텔은 상당한 에너지 절감 효과를 얻었다.

또한, 하우스키핑을 포함하여 운영 팀에서 에너지 효율적인 행동을 장려함으로 또 다른 에너지 절감 효과를 추구한다. 예를 들어, 투숙객들의 체크아웃 후 투입된 객실 정비 팀에서 객실 정비 후 방을 떠나기 전에 커튼을 닫고 온도 조절 장치를 22도로 설정하도록 교육을 받는다.

이것은 에너지 사용을 줄이고 방을 시원하게 유지하는 데 도움이 된다.

물 절약

라스베이거스는 사막에 있기 때문에 물 절약은 만달레이 베이가 많이 신경을 쓰고 있는 부분이다. 스파와 주방에서 객실과 화장실에 이르기까지 만달레이 베이 내에서 사용되는 거의 모든 물은 처리되어 수원으로 반환된다. 만달레이 베이 내부에서 물을 소비하는 대신 서로 순환되고 반환하는 구조이다.

에너지와 마찬가지로 물 소비를 최소한으로 줄이기 위해 절수형 변기, 가뭄에 강한 토종 조경, 린넨 재사용 프로그램 등을 포함했다. 린넨 재사용 프로그램을 통해 연간 물 사용량을 1억 갤런(1억 갤런 = 378541178.4 리터) 이상 줄였다. 이는 샤크 리프 라쿠아리움[8] Shark Reef Aquarium 을 거의 63번 채울 수 있는 양이다.

자재 및 폐기물 관리

만달레이 베이의 대규모 시설에서는 식품 및 음료뿐 아니라 건축 자재에 이르기까지 많은 양의 자재가 필요하다. 자원이 많으면 많은 양의 폐기물이 발생하게 되는데, 만달레이 베이에서는 폐기물에서 30개 이상의 물질을 수집하고 전환할 수 있게끔 시스템을 구축했다. 여기에는 유리, 금속, 플라스틱과 같은 일반적인 재활용 재료뿐 아니라 옷걸이, 수건, 굴과 같은 품목이 포함된다. 현장 재활용 관리자가 재활용 프로그램을 감

---

8) 샤크 리프 아쿠아리움은 미국 라스베이거스에 만달레이 베이 리조트에 있는 인기 있는 아쿠아리움이다. 이 아쿠아리움은 다양한 해양 생물종을 전시하고 있다. 이곳을 방문하면 상어뿐만 아니라 여러 다른 해양 생물과 식물을 관찰할 수 있다.

독하여 전환율을 극대화한다.

〈미국 라스베가스에 위치한 만달레이 베이에 에너지를 제공하는 태양열 패널의 모습〉
출처 : 만달레이베이 홈페이지
https://mandalaybay.mgmresorts.com/en/amenities/sustainable-hotels-las-vegas.html

주변 환경을 활용한 자연 친화적인 호텔 실제 사례

첫째도 위치, 둘째도 위치, 셋째도 위치.

비단 호텔 등의 숙박시설뿐 아니라 식당이나 카페 등 모든 상업시설에
서 위치가 제일 중요하다는 말이 있다. 하지만 미래의 숙박시설은 위치

적인 부분의 한계가 있다 해도 단점으로만 받아들이기보다 단점은 최소화하고 다른 부분에서 장점을 살려 볼 수 있는 가능성이 높아질 수 있다.

유동인구가 없는 한적한 곳, 포장도로도 아직 깔리지 않고 와이파이도 잘 터지지 않을 것 같은 외진 곳에는 오히려 바쁜 도시에서 벗어나 나를 돌아볼 수 있는 자연 친화적인 한국형 리조트가 생길 수도 있다. 부대시설을 갖춘 호텔이 들어서기에 너무 좁은 지형이라면 모듈 하우스나 컨테이너 단독 호텔 같은 숙소들이 나올 수도 있다.

코로나 시기에 더욱 주목받고 인기가 많아진 해양 호텔도 그렇고, 아프리카 사파리에 있는 호텔은 지역적인 특색의 장점을 최대한 끌어올린 예가 될 수 있다.

앞에서 건물 설계나 자연 에너지 등을 활용하는 사례들을 이야기했다면 이번에는 자연 친화적인 사례(Eco Friendly Hotel) 콘셉트를 지닌 호텔들을 이야기해보기로 한다.

게스트들이 객실 안에서 혹은 시설 내에 여러 공간에서 바닷속 풍경이나 또 다른 자연을 바라볼 수 있게 된다면 바닷속 생명이나 자연을 보호하고 지속적으로 협력하는 가능성도 높아질 수 있다.

예시 1.

아틀란티스 더 팜(UAE 두바이)

해당 호텔에는 럭셔리의 끝이라 불리는 언더워터 스위트(Underwater Suites) 객실이 있는데, 이곳에서는 특별한 뷰를 제공한다. 천장에서 바닥까지 내려오는 대형 창문을 통해 객실 침대에서 수많은 해양 생물을 바로 볼 수 있기 있는 것이다.

〈언더워터 스위트 객실(아틀란티스 더 팜)〉
출처: 아틀란티스 더 팜 홈페이지
https://www.atlantis.com/atlantis-the-palm/rooms-and-suites/signature-suites

예시 2.

인터컨티넨탈 상하이 원더랜드(Intercontinental Shanghai Wonder-land)

2018년 11월 20일 중국 상해에 오픈한 글로벌 호텔 체인인 인터컨티넨탈(Intercontinental)의 새로운 호텔에서는 폐탄광 절벽(Cliff) 지역에 호텔을 지은 것으로 이미 시작에서부터 많은 주목을 받았다.

이 호텔 또한 객실 내부에서 해양 생물을 바로 볼 수 있도록 설계하였는데, 폐탄광을 활용했다는 점이 자원의 단점을 장점으로 더 다이내믹하게 극복한 사례라고 생각된다.

〈절벽이라는 환경을 활용한 호텔의 모습〉
출처: IHG 호텔 그룹 홈페이지
https://www.ihg.com/intercontinental/hotels/us/en/shanghai/shghe/hoteldetail

〈객실 안에서 해양 생물을 볼 수 있는 객실〉
출처: IHG 호텔 그룹 홈페이지
https://www.ihg.com/intercontinental/hotels/us/en/shanghai/shghe/hoteldetail

예시 3.

싱가포르의 에쿠아리우스 오션 스위츠(Equarius Ocean Suites)

싱가포르 센토사섬에 있는 리조트 월드 내 호텔 중에 하나인 에쿠아리
우스 오션 스위트. 객실 내부에서 해양 생물을 볼 수 있는 호텔 중 가장
대표적인 호텔이다. 복층 구조로 구성되어 있고, 2층에는 파티오(Patio)

공간과 자쿠지(Jacuzzi), 1층에는 침실과 침실에서 해양 생물을 바라볼 수 있게 설계되었다.

앞에 예시 1, 2가 비교적 최근에 지어진 시설들이라고 한다면, 예시 3 번 호텔은 2010년에 완공된 시설이다.

객실 내부에서 해양 생물을 볼 수 있다는 점 외에도 일본 오키나와에 있는 츄라우미 수족관 같은 대형 수족관을 품고 있는 레스토랑이나, 물 고기들에게 먹이를 주거나 상어들을 가까운 거리에서 볼 수 있는 별도의 체험 프로그램들까지 있다. 물고기들의 눈을 보호하기 위해 객실 조명이 꺼진 뒤에 장막이 올라가는 섬세한 프로세스까지 직접 경험해 보았다. 그런 설계 과정을 통해 해양 생물을 배려하는 마음을 느꼈다. 그렇게 물 고기들과 더욱 가까워짐을 느낄 수 있었다.

〈객실 안에서 해양 생물을 볼 수 있는 객실 에쿠아리우스 오션 스위츠, 싱가포르〉
출처: 본인 제공_에쿠아리우스 오션 스위트 객실 내부

〈가오리와 함께 찍어본 사진〉
출처: 본인 제공_에쿠아리우스 오션 스위트 객실 내부

호텔은 게스트들에게 단순하게 호텔 숙박의 경험을 넘어 생태계와 지속 가능한 생활습관을 고취하는 것을 목표로 할 수 있다. 로비와 공용 공간에서 특정 시간, 시즌, 혹은 특정 이벤트에 맞춰 다양하게 반응하는 인터랙티브 디스플레이를 통해 친환경에 대한 호텔의 적극적인 자세와 책임 있는 관광의 중요성을 제공할 수 있다. 이런 자연환경을 최대한 활용하게 되는 호텔에서 게스트는 나무 심기, 해변 청소, 야생 동물 모니터링과 같은 지속 가능성 프로그램을 경험할 수 있게 된다.

보상 및 로열티 프로그램을 만들어 환경을 보존하는 일상 습관을 만들어 본다면, 자연에게도 개인에게도 좋은 결과가 될 수 있다.

자연과 함께, 지속 가능한 숙박을 추구하는 관점에서 미래의 호텔은 환대 서비스라는 핵심 가치 외에 추가적으로 신선하고 의미 있는 고객 경험을 제공할 수 있다. 바로 환경 보전의 페이스메이커라는 새로운 가치이다.

친환경 건물 설계, 책임 있는 자원 관리 및 생태계 지킴이라는 새로운 역할과 함께 호텔은 환대 산업에서 긍정적인 변화의 주체가 된다.

지속 가능성에 대한 약속은 고객 경험을 향상시킨다.

또한, 지구를 위한 더 밝고 친환경적인 미래를 형성한다. 고객이 의미 있고 책임감 있는 여행 경험을 추구함에 따라 호텔은 더 환경을 의식하는 세상을 위한 또 하나의 수호자가 될 수 있다.

태양광 발전으로 인한 산사태, 난개발 등의 문제로 태양광 발전 시설에 대한 토지 규제가 많아진 여러 사례들을 들었다. 경북 구미시의 경우

규제 전 태양광 설치가 가능했던 면적이 구미시 전체 면적 중 약 20.28%였는데, 최근 규제를 기준으로 다시 계산했을 때는 전체 면적의 0.09%로 확 줄어들었다. 그래서 규제에 비교적 제한이 없는 해외로 나가 사업을 한다는 어느 국내 스타트업의 소식도 알게 되었다.

우리나라에서 일조량이 가장 좋은 지역이 남해 지역이라 하는데, 4계절이 뚜렷하고 3면이 바다로 둘러싸인 우리나라의 환경을 최대한 활용한 새로운 호텔도 기대해본다.

자연의 건강도 생각하고, 각 개인의 건강도 생각할 수 있는 좋은 프로그램들의 개발이 필요하다.

환경에 대한 관심으로 조깅이나 이미 등산을 하면서 쓰레기를 줍는 플로깅(Ploggin) 활동도 개별적으로 이루어지고 있다.

매년 정기적으로 해당 프로그램을 만들거나 관련된 한정 기념 굿즈 등을 잘 만들어 환경 의식을 고취해 보면 어떨까? 호텔이 메인으로 행사를 주최하거나 스폰서십으로 행사를 함께하는 모습 등도 위대한 행동이 될 수 있다.

Chapter 4. 나를 120% 알아봐주는 맞춤 서비스

트래블러스 초이스를 아세요?

매월 3억 4천 명 이상이 방문하고 호텔, 관광명소, 음식점 등 여행 관련하여 전 세계에서 10억 건 이상의 가장 많은 리뷰를 보유하고 있는 '트립어드바이저'(Tripadvisor)라는 플랫폼이 있다.

매년 연초의 트래블러스 초이스(Travelers Choice)라고 가장 리뷰가 좋은 호텔을 선정하는데, 2016년, 트래블러스 초이스에서 선정된 대한민국 베스트 호텔 1위가 발표되고 나서, 호텔 시장에서 꽤 많은 이야기가 있었다. 유명한 롯데호텔이나 신라호텔이 아닌 서울 시청 근처에 있는 크지 않은 3성 독립 호텔인 '신신호텔'이 그 주인공이었기 때문이다.

〈호텔 신신 외관 모습〉
출처: (주)제효 홈페이지
http://jehyo.com/shinshin-hotel/

신신 호텔 관계자는 "인터넷으로 꼼꼼하게 검색하고 오는 개인 자유여행객들을 공략하기 위해 전문 디자이너가 홈페이지나 비품을 하나하나 디자인하고, 색상을 입히는 등 감각적으로 꾸몄다."라며 "1 대 1 서비스도 강화해 사소한 것도 신경 쓰는 디테일한 호텔이라는 평가를 받을 수 있었다."라고 설명했다.

코로나 이후, 어느 산업군보다 관광, 호텔업은 인력난에 어려움을 겪고 있다. 기존 호텔리어 분들이 퇴사 후 호텔로 복귀하지 않고 있으며, 신규 채용은 점점 더 힘들어지고 있는 상황이다. 호텔은 생존을 위해 프런트 직원들 대신 키오스크(Kiosk)나 4자리 번호 등(PIN 코드)으로 객실 입장이 가능한 비대면 서비스로 점차 옮겨가고 있는 상황이다.

코로나 시기의 어려움 속에서 호텔은 많은 변화를 감내했다. 한참 코로나가 유행하고 병원에 병실이 부족했을 때는 자가격리 시설로, 이후에는 코로나를 회복할 수 있는 생활 치료 센터로. 코로나 관련된 용도 변경 외에도 호텔을 장소와 공간이라는 시각으로 접근하여 공용 오피스나 공용 회의실 등으로 전환하기도 했다. 생존을 위해 다른 각도에서 수익창출을 하는 치열한 시도들도 많았다. 또 다른 코로나가 올 수 있다고 하지만 그

때마다 병원이나 치료기관의 대체재가 아니게 되길 바라는 마음이다.

호텔을 정의하는 여러가지 시각

호텔을 바라보는 시각은 이해 관리자에 따라 다양해서 투자자로 바라보는 시각이라면 부동산 관점이고, 관리자로 바라보는 시각이라면 비용절감과 이해타산일 것이다. 사업자가 바라보는 시각이라면 제반시설들에 대한 인프라와 호텔 운영 시 얻게 되는 데이터들이며, 소비자의 시각에서 바라보면 핵심은 서비스가 될 것이다.

개인적으로는 소비자 시각, 즉 환대서비스(Hospitality)가 호텔의 핵심가치(Core Value)며 본질이라 생각한다. 기술이 더욱 고도화되면서, 더욱 그 핵심 가치에 집중할 수 있는 구조를 만들어 보고 싶다.

숙박 관련된 업무를 2006년부터 하고 있지만, 실제 호텔에서 직접 근무를 하지 않았던 비호텔리어 출신으로 바라보기로 했다. 현재 호텔에서는 너무나 많은 업무들을 수작업으로 하고 있고, 그것들이 시스템으로 개선될 수 있는 여지가 많다는 부분은 많은 호텔리어 분들도 미팅 시에 공감해 주셨다.

시스템의 자동화(Robotic Process Automation)가 무인(無人)화를 말하는 것이 아니다. 시스템의 자동화를 통해 기존에 일일이 수작업으로 했던 업무에서 조금 더 자유롭게 되며, 그 자유로움으로 사람만이 할 수 있는 고유의 '환대 서비스'에 집중하는 것이 미래 호텔의 방향성이자 차별성이라 생각한다. 키오스크나 비밀번호 및 블루투스 등으로 객실에 입장할 때, 그 편리함이 주는 만족감도 있지만, 버틀러/컨시어지 서비스를 넘어선 어울림으로 서로 유대감을 쌓을 수 있으며, 그것이 결국 차별성이 될 것이라 생각하기 때문이다.

호텔을 방문했을 때, 객실 안에 디렉터리 북(Directory Book)이라 하여 호텔에 대한 전반적인 안내서를 본 적도 있고, TV를 켰을 때 환영한다는 안내 문구와 내 이름이 나오는 호텔 안내를 본 적도 있을 것이다. 국내 및 해외 호텔 시장에서 이 부분에서도 많은 변화가 생기고 있다. 객실 안에 별도의 디렉터리 북 대신 태블릿 패드를 통해 해당 부분을 대체하고 있다. 또, 태블릿 대신 QR코드 및 체크인 시 카카오톡/라인 메시지 등 메시지 앱을 통해 고객의 요청사항들을 주고받는 호텔들도 늘어나고 있다.

Guest App

체크인부터 체크아웃까지
이용하기 더 쉽게

제공 방식

QR Web   APP   Tablet

〈고객 응대 서비스 디지털 사례〉
출처: 두왓 홈페이지
http://dowhat.io/

앞서 보았던 미래 호텔의 키워드 중 하나로 나왔던 홀로그램 컨시

어지 서비스. 챗지피티(ChatGPT) 등을 활용하면서 느낀 부분은 '이것

이 더 고도화가 되면 나에게도 자비스가 생기게 될 텐데.'라는 생각이다. 나만의 개인 인공지능 비서가 있는 것처럼, 호텔에도 각 개인을 상대하는 인공지능 비서가 로비나 객실, 부대시설 등에서 활용될 수 있겠다는 생각이 든다. 해당 부분은 다른 주제 중 하나인 초개인화(Hyper-Personalization)과도 연계되어 있어 뒤에서 다시 이야기하겠다.

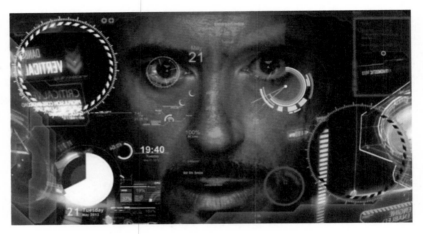

〈인공지능 비서와 이야기 중인 아이언맨〉
출처: 머니투데이 기사 중
https://news.mt.co.kr/mtview.php?no=2021051807274641565

참고로, 2023년 트래블러스 초이스에 선정된 세계 최고의 호텔은 인도에 있는 타즈 호텔 리조트 앤 팰리스(Taj Hotels Resorts and Palaces) 호텔로 그 리뷰들을 보면 서비스에 감동된 후기들이 압도적으로 많다.

다음은 타즈 호텔 리조트의 소개 글이다.

타즈 호텔 리조트 앤 팰리스(Taj Hotels Resorts and Palaces): 1901년에 설립된 Taj Hotels Resorts and Palaces는 인도 전역 61개 지역에 119개 이상의 호텔을 세웠으며, 저희 호텔은 몰디브, 말레이시아, 영국, 미국, 부탄, 스리랑카, 아프리카 및 중동까지 있습니다.

세계적으로 유명한 랜드마크부터 현대적인 비즈니스호텔, 목가적인 해변 휴양지, 정통 왕궁에 이르기까지 각 타즈(Taj) 호텔은 따뜻한 인도 스타일의 환대, 세계적 수준의 서비스 및 현대적인 고급스러움의 비교할 수 없는 융합을 제공합니다.

〈2023년 트레블러스 초이스 1위인 인도의 타즈 호텔 앤 팰리스〉
출처: 트립어드바이저
https://www.tripadvisor.com/TravelersChoice-Hotels

2015년 대한민국 1위 호텔이었던 '신신 호텔'은 코로나라는 위기 속에 아쉽게 사라졌다. 지금은 신신 호텔이라는 이름 대신 다른 숙박 시설로 바뀌어 있다. 피트니스센터도 없고, 연회장 등의 부대시설도 없던 3성 비즈니스호텔에 어떤 서비스, 어떤 고객 관리, 어떠한 특별함이 있어 신신 호텔은 그때 대한민국 1위 호텔이 되었는지 이제는 아쉽게도 알 수가 없다. 하지만 후기들을 보면, 전반적으로 서비스에 대한 좋은 후기들이 많았다.

그중 체크아웃 하고 호텔을 나서는 투숙객들을 호텔 밖까지 에스코트 하며 인사를 했다는 후기는 아직도 기억에 생생하게 남는다.

기꺼이 멤버십에 가입한 나, 칭찬해

내가 경험했던 부분이 투자자나 운영자가 아닌 호텔을 이용하는 소비자로서의 경험만 있기 때문에 나 역시도 호텔의 주요 가치가 당연히 환대서비스가 기준이라 생각하는 것은 아닌지, 스스로 질문도 해본다.

여행을 좋아하고 예쁜 공간을 좋아했다. 무엇보다 야놀자에서 근무했던 11년이라는 오랜 시간 동안 다양한 숙소를 직접 방문하고 다양한 공간의 사진을 직접 찍을 수 있었던 것은 매우 즐거운 일이었다. 그렇게 방문하고 찍었던 호텔, 모텔 등의 숙소가 약 1,000여 곳이 넘는다.

다양한 숙소들을 경험하는 것을 좋아했지만 한 브랜드 호텔이라는 정류장에 멈추게 된 이유, 멤버십 가입을 하고 등급을 올리기 위해 엄청난 과정을 겪었던 이유가 바로 '서비스'였다.

많은 숙박업계 관계자들처럼, 호텔을 이용할 때 여러 OTA를 통해 가장 좋은 상품을 알아보고 이용했던 내가 서울 용산에 위치한 그랜드 머큐어 앰배서더 호텔(Grand Mercure Ambassador hotel)을 이용하고 나서는 달라졌다. 얼마나 달라졌냐면, 당시 아코르 멤버십에 가장 높은 등급인 '플래티넘' 등급을 달성했을 정도로 체크인 시에 받았던 '환대 서비스'에 감동해서 아코르 멤버십에 가입하게 되었다. 참고로 플래티넘 등급을 달성하기 위해서는 1년내 60박 이상 숙박 or 14,000등급 포인트가 있어야 한다.

〈ACCOR 호텔 앱에 내 계정 화면〉
출처: 본인 제공

〈ACCOR 호텔 멤버십 등급 안내〉
출처: 아코르 호텔 홈페이지
https://all.accor.com/loyalty-program/cards-status-benefits-details/index.ko.shtml

그런 경험 때문인지 코로나를 경험한 지금의 나는 호텔의 기본 시작은 환대서비스라고 다시 한번 생각하고 있다. 또한, 호텔을 경험하게 되는 경우, 호텔을 더욱 풍성하게 해주는 대상이 소비자가 대부분이기도 하기 때문이다.

하지만, 궁금한 점이 하나 있다.

전화보다 이메일을 선호한다는 Z세대와 디지털 네이티브라는 알파 세대(2010~2024년 사이 태어난), 특히, 코로나 시기에 태어나 부모 외에 다른 사람들과의 교류가 정말 없었던 이 신세대들에게 이런 환대서비스는 어떤 느낌일지 궁금하다. 그들에게도 환대서비스는 신선하면서 좋은 느낌일까?

아니면 경험하지 못했던 생소한 서비스거나 투 머치라는 느낌의 거부감이 드는 부담스러운 것일까?

이 글을 정리하는 과정에서 우리 집에 있는 아이들(초등학교 4학년, 1학년)에게 물어보았을 때, 호텔에서 친절하게 응대해 주는 서비스에 기분이 좋았고, 무언가 내가 대단한 사람이 된 것처럼 대접받는 느낌을 받았다고 말한다. 이 아이들의 답변이 전체를 대변할 수 있는 것은 아니겠지만, 서비스에 따라 만족도가 달라질 수 있는 부분이 있다는 것은 확실하다.

그렇게 매너를 배우고, 관계를 배우고 공동체와 사회를 배울 수 있는 것이 아닐까? 생각을 했다.

기술이 점점 발전하면서 나를 도와주는 인공지능 비서(가칭 소피아)의 활성화를 기대해본다.

객실의 구조까지 내 마음대로 D.I.Y

결혼을 하기 전에는 몰랐었는데, 결혼 후 두 아이들과 함께 4인 가족이 되다 보니, 여행 시 숙소 선택에 대한 어려움이 있었다. 대부분 숙소들이 2인 기준이다 보니, 4인 가족이 이용하려면 침대가 아닌 온돌 객실이나 객실을 2개 예약해야 하는 상황이었다. 그러다 보니 때로는 호텔이 아닌 4인 가족이 이용할 수 있는 펜션이나 에어비앤비(AirBnb) 등 다른 공유 숙박을 이용하기도 했었다.

이러한 불편함을 감지한 듯 최근 오픈하는 호텔 중에서 트리플 침대 (Triple Bed) 가 있는 객실이나, 2층 침대가 있는 객실들도 생긴 상황이다.

세계적인 호텔 그룹사인 힐튼 그룹은 미래의 호텔에 대해 고객의 요구 사항에 따라 객실 내에 침대 위치나 책상 및 테이블 등 가구 위치까지 개인이 맞출 수 있는 초개인화 서비스를 이야기했다. 그것보다는 조금 더 가벼운 수준으로 이야기한다면

　- 좋아하는 침구류(베개, 이불)

　- 매트리스의 강도

　- 객실에서 은은히 풍겨 나오는 향

　- 조명 분위기(은은한 주광 색상, 밝은 화이트 LED 등)

　- 선호하는 캡슐 커피 종류(디카페인, 롱고 등등)

　- 선호하는 차 종류(녹차, 루이보스 등)

이런 부분들을 사전에 파악해서 준비된다면 별도의 시설 투자 없이 고객에게 더욱 좋은 서비스와 감동을 줄 수 있다. 우리나라에서도 타 지역에 비해 비즈니스 숙박 및 MICE가 활성화된 광주지역 호텔의 경우, 많은 호텔들이 간단한 조식 서비스와 함께 객실 내부에 의류 관리기기인 스타일러(Styler)를 준비해 두었던 것이 기억에 남는다.

현재 OTA 플랫폼에서 4인 가족 투숙이 가능한 객실만 따로 필터 값으로 있어도 경쟁력이 있겠다 싶어 검색하고 결과를 정리해 보았다.

	해외				국내		
	부킹닷컴	익스피디아	아고다	트립닷컴	인터파크	야놀자	여기어때
해당 상품명 노출 유무	○			○			
필터 내 가족여행 유무	○	○		○			
별도 표기로 구분 가능 여부		○					
침대 종류로 구분 (더블/트윈베드 등)	○		○	○			

〈각 플랫폼에서 이용인원을 4인 가족으로 검색했을 경우〉
출처: 자체 제작

검색 조건으로 성인 2, 아이 2를 넣고 검색했을 경우, 이용할 수 있는 해당 상품명이 첫 번째 검색 리스트에 부킹닷컴과 트립닷컴에는 노출되었다. 추가 페이지 이동 없이 검색된 페이지에서 상품명까지 바로 볼 수 있었으며, 그중 상품명까지의 폰트 및 크기 등으로 보기 편했던 것은 부킹닷컴이다.

출처: 부킹닷컴

익스피디아는 상품명을 노출시키진 않았지만, 검색 결과 페이지 리스트 상에 가족 여행을 추천한다는 별도의 라벨이 있어 구분할 수 있다.

출처: 익스피디아

아고다의 경우에 이용인원에 대한 필터도 없는 것은 조금 의외였다. 상품명에도 보이지 않아 조금 아쉬움이 남는다.

출처: 아고다

부킹닷컴, 익스피디아, 아고다, 트립닷컴 등 대표적인 글로벌 플랫폼들을 보았고, 국내 플랫폼은 가장 대표적인 인터파크와 야놀자, 여기어때를 보았다.

출처: 인터파크

인터파크의 경우는 첫 화면에서 가고 싶은 지역과 이용 인원으로 검색하여, 결과값을 볼 수 있었다.

검색 결과 호텔명과 성급, 그리고 주소 등에 기본 정보와 금액과 평점까지가 나왔다. 아쉽게 어떤 타입이 가능한지는 나오지 않았다. 다만, 최근 국내 트렌드를 반영한 듯 검색 시, 반려동물과 함께 이용할 수 있는 필터가 유일하게 있었다.

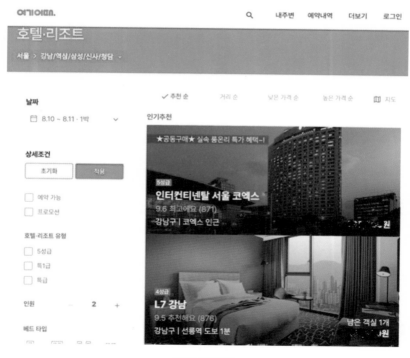

출처: 여기어때

여기어때의 경우는 첫 화면에서 숙소의 카테고리를 선택하고, 그다음 페이지에서 지역, 일정, 인원을 선택해야 하는 불편함이 보였다. 또한, 성인/소아의 구분이 현재 불가능한 상황이었다. (베드 타입은 볼 수 있었음)

출처: 야놀자

야놀자의 경우는 첫 페이지에서 숙소의 유형을 선택하고, 다음 페이지에서 지역을 선택하고 나면 세 번째 페이지에서 이용 일정과 인원수로 검색을 하게 되어 있다. 성인과 아동을 구분하는 부분은 되어 있지만, 리스트에서 어떤 상품이 가능한지 확인을 위해 또 상세 페이지로 들어가야 하는 부분이 있다.

야놀자, 여기어때의 경우, 태생이 젊은 커플에서 시작했다는 부분을 감안한다면, 국내 제일 유명한 플랫폼인 인터파크의 경우 해당 부분이 해외로 나가는 가족여행의 내국인들도 많이 있을 텐데 준비되지 않은 것이 조금 아쉬웠다. (조만간 업데이트가 되길 바라며)

다시 돌아와 앞서 이야기했던 고객의 선호 사항들을 주관식 수집하는 방식보다 체크박스 등으로 선택 값을 수집할 수 있다면 향후 고객 관리 및 상품 개발에 더 용이할 것으로 보인다.

예)

− 좋아하는 침구류(베개, 이불)

− 매트리스의 강도

− 객실에서 은은히 풍겨 나오는 향

− 조명 분위기(은은한 주광 색상, 밝은 화이트 LED 등)

− 선호하는 캡슐 커피 종류(디카페인, 롱고 등등)

− 선호하는 차 종류(녹차, 루이보스 등)

제안)

- 좋아하는 베개 타입:

  (□ 높고 단단한 베개   ▣ 낮고 부드러운 베개   □ 메모리폼 베개…)

- 선호하는 차 종류:

  (□ 녹차   □ 히비스커스   ▣ 잉글리쉬 브렉퍼스트 등…)

전반적으로 큰 문제는 없지만 특히 객실에서 은은히 풍겨 나오는 향이나, 선호하는 차 종류 같은 부분은 준비가 잘되어 있다면 고객과 대면 시에도 자연스럽게 이야기를 나눌 수 있는 주제이다.

그 사람이 좋아하는 것을 기억해 주는 것. 그것이 친해지는 첫걸음이지 않을까?

밀키트, 어디까지 드셔 보셨나요? 개인 맞춤 식단도 이제 밀키트로!

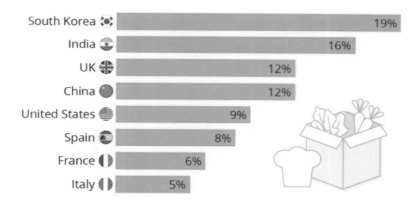

Come Dine With Meal Kits

Share of respondents who ordered
a meal kit online in the last 12 months

South Korea　19%
India　16%
UK　12%
China　12%
United States　9%
Spain　8%
France　6%
Italy　5%

Based on surveys of 1,500-7,500 adults (18-64) per country.
Conducted Oct 2021-Sep 2022.
Source: Statista Global Consumer Survey

statista

〈밀키트로 식사를 이용하고 있는 전 세계 추이(Statista 활용)〉
출처: Statista Global Consumer Survey
https://www.statista.com/chart/28520/meal-kit-usage-gcs/

우리나라의 밀키트 시장이 전 세계에서 가장 높은 성장세를 보이고 있

다. 과거에 밀키트는 1인 가구가 주된 소비자였는데, 높은 외식비와 물

가 등으로 인해 최근에는 40~50대 중 장년 층의 밀키트 구매도 늘어나고 있는 추세이다. 해외에서 먼저 유행한 밀키트는 코로나19 이후 국내에서도 점차 주목받았다. 글로벌 시장조사업체 유로모니터는 2017년 15억 원이었던 국내 밀키트 시장 규모가 2020년 1882억 원으로 2023년에는 4780억 원까지 증가할 것이라는 전망도 나왔다.

한국 야쿠르트의 '잇츠 온', 동원 홈 푸드의 '더 반찬', 이마트의 '피코크', CJ의 '쿡킷' 등 대기업 외에도

프렙, 테이스트 숍, 배민 프레시, 마이셰프, 헬로네이처, 마켓 컬리 등도 밀키트 사업 중이다. Hy(한국야쿠르트)의 밀키트 브랜드 잇츠 온은 지난해 5월 방송인 이경규와 손잡고 밀키트 브랜드 '잇츠 온 경규 식당'을 론칭했다.

〈한국야구르트에서 선보인 쇼핑몰 프레딧에 새롭게 런칭한 경규 식당〉
출처: RE프레시 홈페이지
http://softbook.co.kr/book/magazine/yakult/sm-4/pt-post/nd-42

2022년까지가 밀키트의 시장 도입의 초석을 다졌다고 한다면, 이제는 개인화와 건강이라는 키워드를 포함하여 더욱 다양한 메뉴들이 만들어지고 있다. 개인 맞춤형 식품은 성별, 연령, 건강 상태, 알레르기 등 개인의 특성을 토대로 제조한 식품을 의미한다. 업계는 지난해 9억 달러(한화 약 1조 2,300억 원) 수준이었던 글로벌 맞춤형 영양식품 시장 규모가 오는 2030년에는 35억 달러(약 4조 8,000억 원)으로 성장할 것으로 전망한다고 한다.

얼마 전, 식당에 틀어져 있던 TV 뉴스에서 우연히 '건강 이슈가 있어

현미밥으로 만들어진 밀키트를 선호한다'는 일반 시민의 인터뷰 방송을 보았다. 나도 2018년, 크론병(Crohn's disease)이라는 소화기쪽 자가면역질환을 갖게 되어 음식에 제약이 많다. 먹을 것이 자유롭지 못한 편인데, 유제품을 먹거나, 탄산, 발효된 음식을 먹었을 때 아무래도 화장실을 더 자주 간다. 나처럼 소화기쪽 질병이 있는 사람들을 위한 맞춤형 식단들로 구성된 메뉴가 있는 호텔이라면 여정이 덜 부담이 된다.

이번에 경험했던 홍콩의 어떤 호텔에서는 투숙 전, 선호하는 식단이 있는지, 특정 음식의 알레르기가 있는지 등을 상세하게 물어보았다. 크론병이 있기에 유제품이 없는 식단을 선호한다고 답을 했는데, 작성하면서도 케어를 받고 있다는 생각을 많이 하게 되었다. 그로 인한 식단과 투숙의 만족도가 더욱 높아진 것도 사실이다.

Any favourite activities in Hong Kong that excite you and will make your stay more memorable?	We're happy to assist you with your plans during your visit to Hong Kong.
Any special dietary preferences that you would like us to know about?	We'll try our best to make your stay as hassle-free as possible.
Any cuisines that you would like to try during your stay?	Let us know and we'll be happy to make reservations for you.
When shall we expect to welcome you to our House?	The usual check-in time is 3pm. It would be great if you could let us know your approximate arrival time so we can make advance preparations.

〈홍콩 어느 호텔의 고객 선호사항을 확인하는 이메일 중 일부〉
출처: 본인제공

이미 개인들은 어느 때보다 자신의 건강에 관심이 많고, 여러 가지 방법으로 본인의 특징들을 알고 있는 시대이다.

밀키트에서 시작되어 여러 푸드테크들이 녹여진 호텔은 서빙 · 퇴식 로봇, 음식 제조 로봇, 배달 로봇, 스마트키친의 모습을 갖고 있을 것이다.

자기 관리에 철저한 어떤 이가 유기농 식단으로 간헐적 단식을 하는 경우가 있다고 하자. 그 사람이 여행을 갈 때, 준비가 된 호텔은 선택지가 될 수 있겠다. 생각났던 인물은 박진영(JYP) 씨인데, 그는 "좋은 음식을 먹어야 신체적으로나 음악적으로도 건강해질 수 있다."라는 생각으로 소속 아티스트들과 직원들에게 유기농 식자재로 조리한 음식을 제공하는 것으로 유명하다.

그 결과, 아토피, 알레르기성 비염뿐 아니라 여러 가지 건강이 호전이 되었다고 하는데, 대형 엔터테인먼트사에서 호텔사업을 하는 것이 여러 가지 재밌는 이야기를 만들 수 있을 것이다. 이 이야기는 이후 미래 호텔의 콘텐츠 부분에서 다시 이야기하기로 하겠다.

한국농수산식품유통공사(aT)는 밀키트 시장이 연평균 31% 수준으로 성장해 오는 2025년에는 7253억 원에 이를 것으로 전망했다. 이에 따라 밀키트 전문 기업을 비롯해 국내 주요 식품 대기업, 중견 식품기업들은 유명 맛집, 인기 셰프, 인플루언서 등과 협업한 밀키트를 잇달아 선보이는 등 밀키트 사업 강화에 나섰다. 국·탕·찌개류, 요리류, 면류 등은 물론 수산물, 홈 파티 메뉴까지 등장해 더욱 다양화되고 있는 최근 밀키트 시장을 살펴봤다.

출근길에 한 잔 그리고 점심 식사 후 한 잔을 위해 자주 가는 커피 전문점이 있다. 가다 보니 서로 인사를 하고 안부를 묻고, 어느 순간 나는 멤버십에 가입을 하고 쿠폰을 갖게 됐다. 그렇게 인사하고 지냈던 매니저님이 다른 지점으로 이동을 하고 새로운 분이 매니저로 오시게 되었다. 그 이후, 자주 갔지만 왠지 서먹서먹하다. 출근길에 한 잔 그리고 점심 식사 후 한 잔, 내 루틴은 크게 달라지지 않았는데….

그래서 지난주, 멤버십에 선불 금액이 다 소진된 다음 추가 충전 없이 근처에 있는 별다방을 가고 있다.

해외여행 시, 서버에게 팁 문화가 있는 곳들이 있다. 음식을 만드는 사람은 식당의 키친에 있는 셰프이고, 똑같은 셰프를 통해 똑같은 음식이 공급된다. 이 음식을 우리에게 전달해 주는 서버에게 팁을 줘야 하는 상황에서 어떤 사람이 더 많이 팁을 받는지 보면 이유는 분명히 있다.

바로 그 사람과, 그 사람의 서비스.

미래 호텔은
건물의 설계 및 건축 등의 외형 등의 하드웨어(Hardware)뿐 아니라
내부 에너지 사용에 대한 인프라 그리고 객실 내부에 어메니티(Amenity)까지
지금보다 조금 더 환경을 생각해서 만들어질 것이다.

PART 3.

콘텐츠:
미래 호텔의 새로운
시그니처 콘텐츠들

Chapter 5. 미래 호텔, 더 다양해지는 콘텐츠

호텔이란 곳은 단순히 투숙을 하는 경험 외에 다양한 재미를 줄 수 있는 시설로 변화할 수 있어야 한다. 코로나 기간, 전 세계적으로 여행이 불가능했던 시기, 외국 관광객들에게 주요 관광지였던 일부 지역에서는 투숙객을 받을 수 없었다. 생존을 위해 몇몇 호텔에서는 객실을 오피스로 변경하여 코로나 시기를 지나왔던 사례도 있었다. 엔데믹이 되며 여행이 가능해지고 많은 관광객들이 다시 들어오면서 해당 오피스 객실은 다시 투숙객을 위한 객실로 변경되었다. 이번 경우는 생존을 위한 이례적인 경우였고 또 다른 코로나가 온다는 이야기도 있지만, 생존에 대한 변화 대신 미래에는 좀 더 다양한 콘텐츠 들을 즐길 수 있는 장소로 변화할 수 있어야 한다.

바로 기술의 발달로 인해.

스마트 월 디스플레이(Smart Wall Display)

영화 〈점퍼(Jumper)〉를 본 적이 있는가? 텔레포트(Teleport)라는 능력을 갖고 있는 주인공은 자기가 직접 보았거나 경험했던 장소로 순간이동을 할 수 있다. 이것을 공간으로 적용해 보자. 터치스크린을 통해 내가 있는 장소가 호텔 내에 객실이 아니라 갑자기 다른 지역이 될 수 있다. 터치 기술이 적용된 스마트월을 이용함으로 이 공간은 오롯이 나만의 공간으로 재창조된다.

도심의 한 호텔에 들어가서 내가 생각했던 장소로 바로 텔레포트가 가능하게 되는 것이다. 오늘은 바닷속 물고기들을 볼까? 아니면 북유럽의 오로라를 볼까? 아프리카의 초원, 유럽의 골목길, 아니면 유네스코가 선정한 전 세계 명소 지역을 내가 머문 장소에서 체험할 수 있다.

평상시에는 벽이나 외부를 볼 수 있는 창이라 생각했던 것이 전체 디스플레이로 되어 있어 내가 원하는 공간으로 변할 수 있다면 호텔을 이용하는 또 다른 재미를 느낄 수 있을 것이다.

2022년 CES에서 LG가 선보인 디스플레이 패널을 보면, 실내 공간에

3면이 통 디스플레이로 둘러싸여 있어 보다 더 현실적으로 몰입감을 느낄 수 있었다.

〈3면을 통 디스플레이로 활용한 사례(LG전자)〉
출처: 베스트 바이 블로그
https://blog.bestbuy.ca/tv-audio/tv-home-theatre-tv-audio/all-tv-announcements-from-ces-2023

VR(가상현실)의 태생적인 불편함 중에 하나가 고글의 사용이다. 고글을 쓰게 되면 주변 사물을 보지 못해 벽에 부딪히거나 손으로 벽을 치는 등 여러 가지 불편한 점이 발생하는데, 이것이 바로 현재 VR이 갖고 있는 한계성 중에 하나이다. 스마트월을 통해 본다면 별도의 장비 없이 바로 볼 수 있기에 이런 불편함이 사라지게 된다. VR 보다 몰입감은 조금 떨어질 수 있어도 꽤 흥미 있는 시도가 될 수 있다.

객실 안에 트레드밀이 있고 그 위를 걷고 있는데 배경이 스페인의 순례자의 길로 변한다. 혹은 요가 매트가 있고 요가 자세를 취하고 있는데 배경이 몰디브나 인도로 바뀌면서 집중도를 끌어올릴 수도 있을 것이다. 아니면, 좋아하는 화가의 작품들을 평일 6시까지라는 관람 시간의 제한과 상관없이 편하게 볼 수 있는 나만의 개인 전시장으로 바꾸어 볼 수도 있다.

그렇게 이용객들이 선택을 많이 하는 콘텐츠들을 확인할 수 있고, 이를 기반으로 연계된 여행 상품이나 굿즈들과 연계되는 확장성도 기대해 볼 수 있겠다.

〈종이 캔버스가 아닌, 대형 스크린을 활용한 전시회 사례(알폰스 무하 전시젠)〉
출처: 본인 제공

24시간 365일 가능한 실내 서핑과 스노우보딩

제주도뿐 아니라 최근 강원도 양양, 부산의 송정 같은 곳은 서퍼들이 많이 찾는 성지가 되고 있다.

서핑을 좋아하는 서퍼들은 한겨울을 제외하면 항상 서핑을 즐긴다고 하는데, 얼마 전 TV예능 〈나 혼자 산다〉에서 나왔던 실내 서핑장이 생각난다. (정말 서핑을 좋아하는 서퍼들은 한겨울에도 타러 간다고 한다)

실내 서핑의 정확한 명칭은 Flow Boarding(플로 보딩)이고, 우리나라에도 몇 군데가 있다.

부산 송정 출장길에 수많은 사람들이 서핑을 즐기는 것을 보면서 배우고 싶다는 생각이 들었다.

하지만 서핑으로 유명한 지역을 간다면, 제주도나 강원도 양양, 혹은 부산 송정까지 가야 하는데, 경기도 일산에서 살고 있는 나는 어디를 가는 것이 좋을까? 어느 길로 가야 교통 체증을 피할 수 있을지도 모르겠고, 또 어느 시기에 파도는 초심자에게 적당한지도 모르겠다. 실제 서핑을 한다고 생각하니, 고려해야 할 부분이 여러 가지였다.

물론, 바다의 파도를 가르며 타는 서핑에 대한 짜릿함(?)을 100% 대신

할 수 있는 것은 아니겠지만, 서핑을 즐기고 싶은 마음과 수영복 하나만 있다면 바로 가능한 실내 서핑장이 있다. 실내 서핑장의 가장 큰 매력은 계절, 날씨의 영향을 받지 않는 상시성과 준비물이 많이 필요 없는 편리함일 것이다.

〈실내 서핑장에서 서핑을 즐기는 모습〉
출처: 서핑 라이더 홈페이지 https://surfingrider.com/

실내 서핑장을 호텔 내부 혹은 호텔 인근의 부대업장으로 운영하게 된다면, 궂은 날씨나 환경에도 불구하고 서핑을 이용할 수 있는 기회가 좀 더 많아질 수 있다.

마찬가지로, 여름에 스노보드나 눈썰매도 가능하지 않을까?

〈실내 스키장에서 보드를 즐기는 모습〉
출처: SNØ 홈페이지
https://www.visitoslo.com/en/product/?tlp=5165503&name=SNO

　스키를 사랑하는 노르웨이 사람들. 지구온난화로 인해 눈이 많이 내리는 국가 중 하나인 북유럽의 노르웨이에서도 실내 스키장이 생겼다. SNØ라는 이름의 이 실내 스키장은 3개의 알파인 슬로프, 빙벽 등반 벽, 그리고 1km의 크로스컨트리 트레일을 갖고 있다. 이 시설은 단순히 실내 스키장으로 4계절 스키를 즐기는 시설만이 아니다. 이 슬로프에서 전달된 잉여 에너지를 주변 6,000명의 가정과 사무실에 부분적인 난방 에너지로 활용되면서 이 지역난방을 위한 거대한 히트펌프 역할을 수행하고 있다.

세상이 달라진다는 2000년 밀레니엄 때 나는 유럽 여행을 갔다. 약 두 달 정도 프랑스에 있으면서 알게 된 프랑스 교포 친구들과 함께 스위스로 당일 치기 스키여행을 다녀왔는데, 그해 겨울, 스위스에서 봤던 광경 중 평생 잊히지 않는 장면이 있다.

스위스를 전부 다 보지 못했지만 내가 본 2000년도 겨울의 스위스는 거의 모든 산이 눈으로 덮여 있었다. 프랑스에서 출발했던 차를 타고 스위스 국경을 지나 어느 산 중턱에 주차하고 나니 놀이동산 꼬마기차 같은 것이 있었다. 그 기차를 타면 스키장 정상까지 올라갈 수 있다. 기차에 앉아 많은 사람들이 스키나 보드를 타고 있는 것이 창밖으로 보였다. 내 시선을 사로잡은 것은 헬리콥터 위에서 보드를 타며 산으로 떨어지는 사람들이었다. TV에서만 볼 수 있었던 장면을 실제로 본 것이다.

이런 여러 가지 새롭고 신선한 기억 중에 가장 기억에 남는 것은 스키를 타고 내려오는 길에 다 같이 내려 온천을, 그것도 노천온천장이 있는 온천을 갔던 장면이다.

스키를 타기 위해 산에 올라갈 때와 마찬가지로 꼬마기차를 타고 내려온다. 주차를 했던 장소까지 도착하지 않는데 갑자기 사람들이 다 같이 우르르 내리기 시작했다. 덩달아 따라 내리자, 입구에서 수영복을 하나 주는 것이 아닌가? 알고 보니 온천이 있었던 것이다. 또, 실내 온천만 있는 것이 아니고 한쪽에는 야외 온천이 있었다. 그렇게 멀지 않는 거리에 한쪽에서는 사람들이 스키복을 입고 신나게 보드나 스키를 타면서 내려오고 있는데, 나는 산 중턱에 있는 노천온천장에서 따뜻한 물에 몸을 녹이면서 수영복만 입고 고개를 내밀어 밖을 보고 있던 그 장면, 그 환경이 굉장히 독특하고 신선했다.

스키나 보드를 타는 것이 평상시 자주 사용하지 않았던 근육까지 사용했을 것이다. 그러니 따뜻한 물로 긴장된 근육들을 풀어주고 편안하게 해주는 것이라 생각했다.

호텔 실내에 스키나 보드를 이용할 수 있고, 이후 따뜻한 물에 몸을 녹이면서 하루를 기분 좋게 마무리한다면 얼마나 좋을까?

코로나 시기였던 2021년, 세계적인 호텔 체인 중 하나인 더 랭햄 호텔&리조트 그룹은 랭햄 플레이스 창사(Langham Place Changsha) 다왕 마운틴 호텔을 2021년 중국에 오픈했다.

〈랭햄 플레이스 창사의 외관 모습〉
출처: 랭햄 호텔 그룹 홈페이지
https://www.langhamhotels.com/en/the-langham/changsha/

이 호텔이 많은 관심을 받았던 이유 중 하나는 그 안에 부대시설로 세계 최대 규모의 실내 스키 슬로프 중 하나인 해피 스노 파크(Happy Snow Park)와 200피트 높이의 해피 워터파크(Happy Water Park)를 운영하고 있기 때문이다.

겨울이 아니더라도 스키를 즐기고 편안하게 객실로 체크인할 수 있는, 말 그대로 생각이 현실이 된 케이스이다.

〈랭햄 플레이스 창사 호텔 부대시설 중 하나인 실내 스키장〉
출처: 랭햄 호텔 그룹 홈페이지
https://www.langhamhotels.com/en/the—langham/changsha/

겨울이 되면, 눈을 보고 싶어 우리나라를 방문하는 여행객들을 심심치 않게 보게 된다. 눈을 처음 보는 사람들이 스키장에서 스키를 타거나 스노보드를 타는 것이 얼마나 신선한 충격일까?

그런 미지의 경험을 이제는 겨울이 아니더라도 또 눈이 내리지 않는 국가에서도 편하게 경험할 수 있는 현실이 된 것이다.

〈랭햄 플레이스 창사 호텔에 또 다른 부대시설인 워터파크〉
출처: 랭햄 호텔 그룹 홈페이지
https://www.langhamhotels.com/en/the-langham/changsha/

〈스키 시뮬레이터를 활용하는 모습〉
출처: 스카이 테크 스포츠 홈페이지
https://www.skytechsport.com/

실내 스키장이라는 거대한 공간 확보에 대한 어려움이 있다면 스카이

테크 스포츠(Skytech Sport)에서 나온 실내 스키 시뮬레이터(Simulator)

도 대책이 될 수 있다. 객실 내 히노끼탕 등을 설치하는 호텔들도 꽤 많

이 나타난 요즘이다. 히노끼탕의 욕조 크기만큼의 장소만 있어도, 스키

시뮬레이터 설치가 가능하다. 호텔 스위트 객실이나, 부대시설에 해당

실내스키가 있는 것도 재미있는 콘텐츠가 될 수 있을 것이다.

부상 위험이 낮고, 산으로 가지 않아도 되는 교통의 편리성과 무엇보다 겨울이 아니더라도 스키나 보드를 즐길 수 있다는 장점이 실내 서핑, 실내 보딩의 가장 큰 장점이 아닐까?

〈스키 시뮬레이터가 설치된 사례〉
출차: 스카이 테크 스포츠 홈페이지
https://www.skytechsport.com/

우리나라에서는 2022년, 서울에서 1시간 거리에 있는 엄청난 장점을 갖고 있던, 그래서 더더욱 오랜 시간 동안 사랑을 받아왔던 포천의 베어 스타운 리조트가 아쉽게 폐장을 했다. 대부분의 스키장은 서울에서 약 2~3시간 이상을 걸려 이동해야 갈 수 있었던 것에 비해 거리상 가장 큰 장점이 있었던 베어스타운. 또, 국내에서 가장 긴 길이의 눈썰매장을 보유하고 있어, 어른들도 아이들도 모두 좋아했었다.

한 번도 안 타본 사람은 있겠지만, 한 번만 타본 사람은 없을 것이라 확신하는 베어스타운의 눈썰매.

뒤늦게 그 존재를 알게 되었지만, 폐장하기까지 거의 매년 눈썰매를 타러 갔다.

베어스타운은 겨울에는 스키, 스노보드, 눈썰매 등의 겨울 액티비티를 준비했고, 여름 스키인 피스랩(Pis-Lab)을 필두로 루지(Luge), ATM 바이크, 수영장 같은 다양한 하드웨어 콘텐츠를 운영했다.

마술학교, 미니 동물원, 글램핑 등 다양한 콘텐츠를 통해 4계절 리조트를 준비했던 베어스타운 리조트가 생각난다.

베어스타운 외에도 스키 리조트들은 겨울 이외에 비시즌에 즐길 거리에 대한 고민과 실험을 항상 하고 있다. 장소에 제약을 받지 않고, 비교적 적은 시설 투자로 계절이나 시기에 상관없이 호텔 속에 다양한 콘텐츠를 즐길 수 있는 신개념 리조트형 호텔이 생길 것이다.

원하는 때에 언제나, 여러 장비가 필요하지 않고 간편하게, 그리고 가까운 장소에서 기술의 발전으로 예전보다 액티비티를 더욱 안전하고 편안하게 즐길 수 있는 호텔이나 리조트들이 많이 나올 것이다.

〈베어스타운 리조트에서 스키를 즐기는 모습〉
출처: 본인 제공

나만의 프라이빗 비치

호텔 수영장은 아이들이 있는 가족에게 호텔을 결정하는 매우 중요한 옵션이다. 수영장은 아이들과 아이의 부모뿐 아니라 젊은 세대에게도 인기가 많다. 멋진 루프탑 풀이나 인피니티 풀 등을 본인의 SNS에 많이 올리고 이용하는 모습들도 많이 볼 수 있다.

워터파크 내에 있는 대형 인공 파도풀에서 많은 사람들과 같이 물놀이를 즐기는 것을 선호하는 사람들도 있지만, 가족이나 연인끼리 프라이빗하게, 조용하게 이용하고 싶은 사람들도 많이 있다.

객실 내부에 릴렉세이션 풀(Relaxation Pool)이 설치된 반얀트리와 UH 스위츠 체인 외에도 2020년대 부터 히노키 욕조가 객실 안에 있는 료칸 스타일에 토모노야 료칸호텔(Tomonoya Ryokan Hotel), 이제호텔(IJE Hotel), 호시카게 료칸 호텔(Hoshikage Ryokan Hotel)들이 나타난 이유라 생각한다.

〈호시카게 료칸 호텔 동부산 지점 객실 모습 중 하나〉
사진: 본인제공

특히, 가장 최근에 오픈한 호시카게 료칸의 경우, 기존 료칸 호텔들에서 볼 수 없었던 대형 히노키 욕조가 객실 내에 설치되어 있어, 많은 사랑을 받고 있다. 하지만, 여기에 조금 더 현장감을 더해 프라이빗 비치를 만들어 보면 어떨까? 또, 좁은 공간에서도 인공 파도가 치는 엔들리스 풀(Endless Pool)이나 스윔 피트(Swimfit)으로 진정한 프라이빗 비치, 나만의 수영장이 가능해진다.

어떤 이에게는 재활 훈련의 방법으로, 어떤 이에게는 수영 연습 방법으로 활용되었던 시설들이, 프라이빗 비치를 완성하는 주요한 시설물로 변한다. 해변의 느낌을 더욱 살리기 위해 주변을 모래사장이나 인공 잔디로 꾸며본다. 한 편에 선베드가 있고 시원한 칵테일 한 잔이 준비된다면 너무 완벽한 나만의 공간이 탄생된다.

호캉스 그 두 번째 레벨이 시작된다.

〈제자리에서 파도가 밀려와 수영을 할 수 있는 스윔 피트 이미지〉
출처: 스윔멕스 홈페이지
https://www.swimex.com/

〈엔들리스 풀 야외에 설치된 사례〉
출처: 엔들리스 풀 홈페이지
https://www.endlesspools.com/

객실별로 테마가 다른 디자이너스 호텔

앞의 이야기들이 투숙객들이 체험으로 즐길 수 있는 재미 요소라 한다면, 이번에는 호텔이 공급하는 조금 다른 모습도 이야기해보기로 한다. 처음 국내에 등장했을 때 굉장히 큰 반향을 일으켰던 숙소로 호텔 더 디자이너스(Hotel the designers)가 있다.

타입별로 같은 디자인의 획일화된 객실이 아니라 디자이너 몇몇이 객실마다 다른 콘셉트를 잡고 만들어서 굉장히 독특한 경험을 선사했던 호텔 더 디자이너스 호텔. 삼성점을 처음으로 여러 체인 호텔로 확대가 되기도 했다. 첫 번째 지점인 디자이너스 호텔 삼성의 경우, 여러 가지 신선한 모습이 많아 많은 언론매체에도 소개되기도 하였다.

실제로 소녀시대를 비롯하여 많은 연예인들이 화보 및 여러 촬영을 한 기억이 난다.

명동역 근처에 위치한 사무실, 많은 외국인들이 현재 보이지만 종종 길게 줄을 서서 무엇인가를 기다리고 있는 날이 있다. 명동역 2번 출구 근처 음반 매장에 'NCT'의 새 음반이 나올 때였는데, 엄청나게 많은 인파가 줄을 서서 기다리고 있었다. 현지에서 사기 위해 줄을 서는 많은 분들을 바라보다가 '기획사나 레이블이 주축이 돼서 호텔 콘셉트를 만들어 보면 어떨까?'라는 생각을 해봤다.

예를 들어, JYP Ent에서 호텔을 만든다고 하면? 아티스트별로 콘셉트에 맞춰 객실과 객실 내부를 하나씩 디자인할 수 있다고 한다면? JYP는 그 공간도 본인이 가장 음악을 잘 만들 수 있는 작업실처럼 만들 수도 있고, 한쪽 벽은 춤 연습을 할 수 있는 통유리가 설치된 객실도 있을 수 있다. (미래에는 통유리에서 AI가 Dance Lesson을 해줄 수도 있겠다.)

그리고 아침, 점심, 저녁 식단은 맛있는 유기농 식단을 즐길 수도 있을 것이다.

팬들에게도 아티스트를 더욱 느낄 수 있는 기회도 되고, 아티스트 역시 음악 외의 본인을 담아낼 수 있는 다른 창작물을 통해 충전도 되고, 부대시설이 새 앨범이 나올 때 쇼케이스를 할 수 있는 무대가 될 수도 있다. 또, 해외 투어나 쇼케이스 등에서도 아티스트들이 해외 일정이 있을 경우 숙박이나 이동 관련해서 더욱 안전하고 효율적으로 운영이 될 수 있겠다는 생각이다.

조금 다른 이야기이지만, 서울 명동에 위치하고 있는 서울 프린스 호텔은 '소설가의 방'이라는 것을 운영하고 있다. 이야기의 시작은 호텔과 한국문화예술위원회가 협력하여 진행하는 사업으로, 신진 소설가의 안정적인 집필활동에 도움이 되고자 선정된 작가들에게 4~6주 정도의 객실을 100% 전액 무료로 후원을 하고 있다.

2014년부터 시작되어 2022년까지 작가 89명이 집필공간을 이용했으며, 네트워킹 프로그램인 '소설가의 방', '북(Book)콘서트'에서는 호텔에 머물렀던 작가 중 그해 작품집 또는 장편소설을 출간한 작가들이 독자와 만나는 자리로 이루어지기도 했다.

작가분들이 작품 활동을 하는 과정에 대한 이야기들을 공유하며, 또 독자들과 즐겁게 질문을 주고받는 콘서트를 찾아갔다.

북 콘서트의 하이라이트는 '낭독극'이다. 인쇄물로 나온 책을 전문 배우분들의 열연으로 재해석하는 과정에서 2D가 3D로 변하는 놀라운 시간을 경험하게 되었다. 그렇게 재해석된 낭독극을 보고 관객들뿐 아니라 작가분들도 굉장히 즐거워하셨던 기억이 난다.

그래서 디자이너가 아닌 아티스트와의 협업을 더욱 생각해 보게 되었다. 다양한 디자이너스의 콘셉트 호텔로 주목을 끌었던 호텔 더 디자이너스 브랜드는 건대점 오픈 시에는 가수 토니안(HOT), 김재덕(젝스키스)이 객실 디자이너 10명과 함께 콘셉트를 잡고 오픈했다.

〈디자이너스 호텔 건대점에 있는 가수 토니안이 참여한 객실 이미지〉
출처: 디자이너스 호텔 건대 홈페이지
https://hotelthedesignerskd.modoo.at/?link=5rpjkj9p&&pc=1

또 다른 디자인 객실로는 일본 교토의 마치야 호텔 생각이 난다. 일본 교토 지역의 '마치야'라는 마을 호텔이 있는데, 100년이 넘은 고전 가옥들이 그 대상이다. 온천이 없는 지역의 한계성을 로컬 문화와 결합했다는 재밌는 점이 있다. BnA(Bed and Arts)라는 팀과 콜라보를 하였는데, 지역에서 활동하고 있는 화가들과 협업하여 시설에 신선하면서 확실한 아이덴티티를 보여주기도 하였다.

우리나라에도 서울 종로에 서촌 유희라는 오래된 한옥 스테이가 로컬 상점을 연결한 부분이 있고, 강원도 정선군에 마을 호텔 18번가 등 5개 마을 호텔들이 더 있다. 마치야 같은 커다란 마을 호텔이라는 테마로 감싸 운영이 되는 호텔이 나오는 것도 재밌겠다는 생각을 해본다.

우리나라 여행지 중에서도 맛집으로 유명한 전라도 지역이나, 경상도 지역, 그리고 일부 특정 지역은 맛집, 혹은 SNS에 추억으로 남기는 곳들로 이미 많이 유명해졌다. 이런 지역에 있는 전통 고전 가옥들을 활용하여 마을 단위의 숙소로 활용되었으면 하는 바람이다.

감독님, (호텔에서도) 농구가 하고 싶어요.

아는 대표님께 들었던 이야기다.

테니스를 좋아하시고 동호회 활동도 적극적으로 하시는 분이신데, 어느 날 저녁, 전화로 테니스 한 게임 가능하냐는 전화를 받았다고 한다. 마침 시간이 가능하여 수락하고 테니스 한 게임을 했는데, 게임 종료 후 알고 보니 그와 경기를 했던 그 상대방은 세계적인 그룹 마룬 5의 멤버였다고 한다.

그들의 취미인지, 공연하기 전에 그들만의 루틴인지는 모르겠지만, 월드투어 때에도 테니스 스케줄이 있기 때문에 테니스 코트가 있는 호텔을 예약하거나 호텔에 테니스 코트가 없다 하면 주변에 사용가능한 테니스 코트를 이용한다고 관계자가 알려주었다고 전해주셨다.

우리나라도 최근 골프와 더불어 인기 스포츠로 테니스가 떠오르고 있다. 골프보다 접근성도 편하고, 즐기기에 무리가 되지 않는 비용, 무엇보다 운동량이 상당한 부분에서 남녀 많은 사람들의 사랑을 받고 있다 생각된다. 그랜드 하얏트 호텔이 특급 호텔 중 유일하게 야외 잔디 테니스 코트를 갖추고 있고,

웨스틴 조선 서울도 실내 테니스장을 이용할 수 있으며 한정판으로 제작된 캔버스 백, 테니스 양말 등의 굿즈를 제공하기도 했다.

〈웨스틴 조선 서울 호텔에서 선보인 테니스 패키지 관련 이미지〉
출처: 신세계 뉴스룸
https://www.shinsegaegroupnewsroom.com/80890/

넓은 테니스 코트가 아니더라도 실내 한편에서 이용할 수 있는 실내 테니스 시설도 많이 생겼다. 심지어 최근에는 스크린 테니스, 코인 테니스 펍이라 하여, 실내에서 스크린 테니스를 칠 수 있고, 맥주나 칵테일 등 주류와 안주도 함께 먹을 수 있는 장소들도 등장했다.

〈스크린 테니스 이미지〉
출처: 테니스팟 홈페이지
https://www.tenni-spot.com/company

펜션이나 일부 리조트 시설에 족구장이 있는 곳들을 본 적은 있다. 농구 풀 코트를 호텔 내부에 부대시설로 품고 있는 호텔이 있을까? 국내의 경우, 서울시 서초구에 있는 JW 메리어트 호텔은 지하에 하프코트 농구장이 있고, 반얀트리 서울의 경우 야외 코트를 품고 있다. 야외 코트이다 보니 추운 계절이나 우천 시에는 이용이 어렵다.

우리나라에서 4계절 이용하기 편한 실내 풀코트 농구가 가능한 호텔은 아직 없다.

축구는 세계 무대에서도 많은 활약을 하고 있어, 전보다 인기가 많아졌다. 상대적으로 농구는 그렇지 못하다. 취미나 운동으로 농구를 즐기는 사람들도 꽤 있는데….

　기존에 프런트나 로비에서 진행되었던 체크인 업무가 키오스크나 모바일 체크인으로 많이 변경되는 상황이라면 로비 공간은 커뮤니티 공간으로 사람들이 함께 하는 네트워크의 장소로 변경될 수 있다.

　이때 한편에 투명 방탄유리로 되어 있고, PVC 발포 백 목재 패턴의 풀 코트가 있다면 나는 뜨거운 코트를 당장 가를 수 있다.

〈실내 농구 코트인 인아웃트 내부 모습〉
출처: 인아웃트 홈페이지
https://www.inoute.com/

농구 코트는 야구 경기장이나 축구 코트만큼 넓지 않아도 된다는 장소적인 이점이 있다. 실제로 농구 강습을 알아보는 중에 많이 알게 된 것이 컨테이너를 활용하여 실내 농구 코트장을 만든 경우가 많았다.

그렇게 준비된 장소에서 경기 시즌에는 투숙객들과 같이 모여 농구 경기를 관람하기도 한다. 심지어 내가 좋아하는 선수에게 1 대 1 농구 레슨을 받는 날이 올 수도 있다.

호텔은 새로운 콘텐츠가 생기고, 고객은 실내 코트에서 자기가 좋아하는 선수에게 레슨을 받을 수 있으며, 선수에게는 응원하는 팬들과의 팬미팅 자리가 될 수 있으니 모두 윈윈윈이 될 수 있다.

농구를 좋아하는 일반 이용객들뿐 아니라 농구 선수들의 색다른 전지훈련소가 될 수도 있다.

야구장을 품은 호텔 – Tower Eleven Hotel

최근, 일본에서 매일 나오고 있는 뉴스 중 하나인, 오타니 쇼헤이 선수. 우리나라의 손흥민 선수나, 최근에 프랑스로 간 이강인 선수처럼 미국 야구인 메이저 리그에서 엄청난 활약을 하고 있는 선수이다.

오늘(23/08/24) 뉴스에서 부상 소식으로 남은 시합에 참가는 어렵고 치료에 집중할 예정이라는 소식이 들렸지만, 그만큼 현재 일본에서 가장 핫한 키워드 중에 하나이기도 하다.

2023년 6월, 일본 홋카이도 볼파크 F 빌리지는 세계 최초로 온천과 사우나를 하면서 가까운 거리에서 바로 야구 경기를 볼 수 있고, 야구 경기를 보면서 숙박할 수 있는 호텔을 품고 있는 빌리지를 오픈했다.

〈온천욕을 하면서 야구 경기를 바라볼 수 있는 모습〉
출처: 홋카이도 볼 파크 홈페이지
https://www.hkdballpark.com/hotel/12/

〈타워 일레븐 호텔의 벽화〉
출처: 홋카이도 볼 파크 홈페이지
https://www.hkdballpark.com/hotel/12/

호텔 이름은 '타워 일레븐 호텔(Tower Eleven Hotel)'이다. Tower 11의 명칭의 유래가 되고 있는 11번의 등번호를 붙이고 있는 다르비슈 유 선수와 앞서 이야기했던 요사이 가장 핫한 플레이어인 오타니 쇼헤이를 모티프로 하였다.

야구팬들을 위한 호텔이 만들어졌다는 사실도 대단하지만 해당 시설이 더욱 의미가 있는 이유는 단순히 야구팬들을 위한 공간뿐 아니라 지역에 콘텐츠들을 적극적으로 활용했다는 점이다. 말이 유명한 지역인 홋카이도이기에 빌리지 내에 승마 체험 공간을 준비하였고, 야구 시즌이 아닌 경우에 다양한 작품들을 감상을 할 수 있게 갤러리적 요소로 시설을 지었다. 반려동물과 함께하는 콘텐츠들과 아이들과 함께하기 좋은 시설들, 그리고 홋카이도 양질의 식재료를 활용한 메뉴들을 활용하여 오픈하자마자 전국에서 찾는 핫플레이스가 되었다.

일본 교토의 마치야나 우리나라 서울의 서촌 유희 등 전통가옥들과 그 주변 시설물들로 조성된 마을 단위의 호텔, 그리고 메이저 스포츠센터가 호텔 내부의 부대시설처럼 되어 있는 빌리지 호텔.

두 가지 방향성 모두, 호텔이라는 숙박을 위주로 하는 단독 건물만이 아닌 그 지역이 갖고 있는 기본적인 장점들과 새로운 경험들을 최대한 활용해서 같이 만들어 만들어간다는 부분이 마음에 들어온다.

Chapter 6. VR? AR? MR? 다양한 현실과 호텔

VR 체험 이야기

바닷속에 들어가 눈앞에서 상어들에게 먹이를 주는 것을 바라보았다. 내가 볼 수 있는 시야각 전체로 들어오는 형형색색의 빛들이 신비하게 일렁이는 오로라를 감상하였다. 지금은 사명이 메타가 된 (구) 페이스북의 오큘러스 VR 기기를 처음 체험했던 내 모습이다. VR 기기를 이용하면서, 가고 싶었던 많은 지역을 탐방했다. 실제 존재하고 있는 중국의 어느 지역, 베트남의 어느 지역 외에도 가상의 공룡시대까지. 그리고 운동이나 게임을 하면서 즐거운 시간을 보냈다.

〈고글과 손잡이로 구성된 오큘러스 퀘스트 2〉
출처: 메타 홈페이지
https://www.meta.com/kr/quest/

생각보다 현실적이고 몰입감이 느껴져서 이것으로 새로운 사업 아이
디어를 생각해 본 적도 있었다.

역사적으로 중요했던 이벤트들에 대해 몰입해서 느낄 수 있는 것들을
주로 하는 콘텐츠가 대상이었다. 예를 들면, 우리나라 근현대사에 대
한 조각이나, 예수님을 간접적으로 경험할 수 있는 한 사건을 VR로 재구
성하고 그것을 경험할 수 있다면….

아이디어를 구체화하는 과정에서 여러 가지 현실적으로 어려웠던 부분들을 확인했지만, 가장 아쉬웠던 부분이 있었으니 그것은 바로 행동 범위다.

VR을 시작하게 되면, 내가 체험할 크지 않은 공간을 설정하고 그 안에서 VR을 이용하게 되는데, 헤드셋을 끼고 있으면 아무것도 보이지 않기 때문에 내용에 몰두하다 보면 가끔씩 주변에 있는 가구들에 부딪히거나 다치는 경우도 있다. 헤드셋을 끼면 시야가 차단된다는 기존 VR 기기들의 단점 때문일까?

애플은 최근 공개한 VR(가상현실)과 AR(증강현실)의 장점을 혼합하여 만든 MR(혼합현실) 헤드셋을 선보였다.

개인적으로 영화 〈레디 플레이어 원(Ready Player One)〉에서 나온 장비가 가장 완성도가 높은 케이스라고 생각한다. 영화 속에 주인공은 좁은 공간에서 트레드밀 위에서 달리거나, 점프, 이동하는 모습을 나타낸다. 사람은 두 발로 걷고, 뛰고 움직인다. 진정한 몰입을 위해서는 실제 다리로 이동하는 것이 의자에 앉아 조작하는 환경보다 효과적일 것이다. 내가 편하게 움직일 수 있는 행동 반경 구역에 대한 가이드가 정해져 있어서 그 안에서 움직인다면, 벽을 치거나 가구에 부딪힐 일도 없을 것이다.

〈VR 헤드셋을 끼고 이동 시, 가이드를 잡아주는 모습(Omni)〉
출처: Omni 홈페이지
https://www.virtuix.com/

집에서 저런 트레드밀을 설치해서 가상현실을 체험하기가 쉽지는 않겠지만, 만약 호텔 내부에 부대시설이 VR 존처럼 되어 있거나, 특정 객실 내에 해당 시설이 있다면 이야기는 더 재밌어질 수 있다.

오프라인에서 서바이벌 게임을 했던 것처럼 호텔 투숙객들이 각 방에서 팀을 짜고 서바이벌 경기를 할 수도 있고, 호텔별로 팀이 되어 호텔별 대항전을 할 수 있겠다.

2021년 일본 스포츠 게임인 '하도(Hado)'가 그 예이다. 팔에 부착하는 센서와 머리에 착용하는 디스플레이를 이용하는 게임으로 공격과 수비를 하는 대결 게임인데 2023년 일본 방문 시, 쇼핑센터 내에 대회를 하는 것을 직접 보았다.

《스포츠게임 하도(hado) 홍보 이미지》
출처: 하도 홈페이지
https://hado-official.com/en/

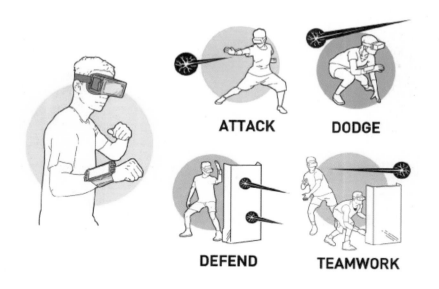

〈VR스포츠게임 하도(Hado) 동작법〉
출처: 하도 홈페이지
https://hado-official.com/en/

이미 지금은 많이 현실화되어 있는 교육에 대한 부분도 VR의 활용도
가 매우 높다. 피아노나 드럼 같은 악기를 배울 때도, 그림 그리는 법 배
우기 부분에서도 현재 많은 자료들이 나와 있다. 추가적으로 이커머스와
연결되는 부분까지, 가상 현실과의 컬래버레이션은 무궁무진하다.

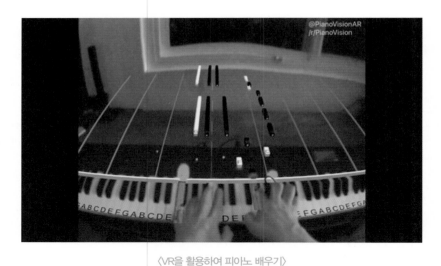

〈VR을 활용하여 피아노 배우기〉
출처: 뮤직테크 홈페이지
https://musictech.com/news/gear/you-can-now-use-vr-to-learn-piano-for-free/

〈VR을 활용하여 드로잉 배우기〉
출처: 유튜브 – MrSmithsArtRoom4Kids 채널 영상 캡처
https://www.youtube.com/watch?v=JiGR6oV1Nrl

헤드셋 착용으로 주변을 감지하지 못해서 일어나는 사고, 장시간 사용에 대한 불편함과 어지러움 등이 현재 VR 사용의 단점들이지만, 개선될 것이다.

이런 부분들 때문일까? 스마트월의 진보 모델로 대형 모니터들과 혼합현실(MR)을 결합하여 진행하는 방법들도 점점 더 고도화되고 있다.

〈애플에서 출시한 애플 글래스는 VR의 한계를 MR로 풀어가고 있다〉
출처: 애플 홈페이지
https://www.apple.com/apple-vision-pro/

MR은 특정 디스플레이 화면만 볼 수 있었던 VR 헤드셋과 달리 AR 글

라스라는 투명 안경 렌즈를 통해 실제 세상을 볼 수 있다는 게 특징이다.

영화 〈레디 플레이어 원〉에서 인상 깊었던 장면 중에 하나가 있는데, 바로 주인공이 게임 속에서 특정 미션을 달성하고 얻게 되는 포인트로 다음 미션을 위한 특정 아이템을 구매하는 장면이다. 주인공은 미션 성공 후, 아이템으로 슈트를 구매한다. 게임 내에서 쇼핑했던 물건이 실제 현실 세계인 주인공의 집으로 배송이 된다.

즉, 가상현실에서 쇼핑한 물건이 현실 세계로 연결이 되는 장면이다.

이것이 랜선 투어와 연결된다면 더 재밌는 일이 가능하지 않을까? 코로나 시기 방법은 조금씩 달랐지만 랜선 여행을 다루는 콘텐츠나 새로운 스타트업이 많이 나오기도 했었다. 음악을 좋아하는 나는 일본(도쿄)을 가게 되면 항상 들리는 곳이 있었는데, 바로 디스크 유니온(Diskunion) 이라는 레코드 전문 매장이다.

랜선 여행 프로그램으로 음악 애호가들을 위한 레코드 컬렉션 여행을 떠나보면 어떨까?

국내 여러 여행 관련 플랫폼 중에서 기억에 남는 플랫폼이 있다. '마이리얼트립'이라는 곳인데, 기존에 여행사들은 상품 관리자(MD)가 여행 추천 코스를 만들고 (물론 인기가 있고 이용 후 피드백이 좋은 코스들로 선별을 하겠지만) 회사의 속한 가이드 혹은 연계된 업체의 가이드가 고객들을 안내하는 패키지 투어였다.

그런데. 마이리얼트립은 접근법이 달랐다. 현지를 잘 알고 있는 현지인 가이드들이 개인적으로 코스를 만든 투어라는 차별성이 기억에 남아있다.

현지인 가이드들이 랜선 여행을 위해 이동하면서 유튜브 실시간 촬영을 한다. 그리고 마음에 드는 업장에 입장해서(예: 디스크 유니온) 내가 실질적으로 레코드를 고르는 것처럼, 실제 레코드를 고른다. 우리끼리는 이걸 디깅(Digging)이라고 한다. 그 과정 중에 마음에 드는 레코드가 있으면 구매자가 바로 구매 버튼을 누르고, 이걸 DHL이나 국제 EMS로 받는다.

피겨의 성지인 일본 도쿄의 아키하바라나, 일본 오사카의 덴덴 타운에서 랜선 여행으로 실시간 영상을 올리고, 마음에 드는 피겨나 기념품들을 바로 구매할 수 있다.

인터넷상에서 물건을 보고 상세 페이지에서 결제했던 모습보다 좀 더 진화된 형태에 구매대행, 배송대행 서비스라 할 수 있을 것이다.

수제 공예품을 주로 취급하는 아이디어스(Ideas)라는 플랫폼에도 적용해 보면 재밌을 것이다. 어떤 작업물이 만들어지는 과정을 보는 것도 유튜브나 여러 플랫폼에서 사람들이 자주 보는 영상 중에 하나이기 때문이다.

상품을 보여주고 판매하는 방법에서, 창작자가 직접 만들면서 과정을 소개하는 방법으로 소비자들에게 노출하면서, 그 영상에서 주문할 수 있게 하는 방식도 재밌는 시도가 될 것이다.

사업 아이템이 되지 않을까 했지만 세상의 모든 것을 팔고 싶어 하는 아마존이나 구글 지도와 사용자의 동선을 알고 있는 구글이 한다면 빨리 될 수 있겠다 생각해서 더 깊게 생각하진 않았다.

아직까지 나오지 않았는데 지금이 기회일까?

오늘 저녁 메뉴는 유명 셰프의 오마카세로 정했다!

21세기 초반에 인기 키워드였던 '욜로 YOLO(You Only Live Once)'는 한번 사는 인생에 대해 본인이 좋아하는 것을 멋지게 소비하는 '스웨그(Swag)'를 보여줬다.

좋은 차, 좋은 시계, 좋은 옷, 좋은 가방 등 비싸서 사지 못했던 고가의 브랜드 제품에 대해 큰 거부감 없는 소비 패턴이 크게 성행했다. 비단 우리나라뿐 아니라 전 세계적으로 해당 키워드와 해시태그들이 유행이었다.

그다음으로 우리나라에 떠올랐던 키워드는 '바프(Body Profile)'로 대회를 나가는 전문 운동선수뿐 아니라, 일반 개인들도 자신의 신체를 잘 관리하여 사진으로 남겨 놓으려는 유행 현상도 있었다. 외형적인 부분 뿐 아니라 내면의 건강도 챙기기 위한 건강 보조 식품들, 영양제들도 다시 조명을 받고 있는데, 중요한 것은 소비나, 몸, 건강 이 모든 것이 결국 '나'를 위한 것이라는 점이다.

미래에는 나를 위한 개인 맞춤형 서비스가 더욱 정교하게 서비스되길 기대한다. 앞선 내용들을 통해 호텔의 시설, F&B, 콘텐츠, 인테리어 등 개인에 대한 맞춤 콘셉트들을 이야기했다면, 호텔 외부의 시설 및 프로그램에도 개인화를 적용시킬 수 있다.

그 개인화에 웰빙 경험을 추가한다면, 유명 셰프인 고든 램지의 '헬스키친' 이후 다양한 미디어를 통해 음식에 대한 기준이 많이 높아진 지금, 우리는 밀키트에서도 유명 셰프들의 레시피를 즐길 수 있게 되었다.

내가 좋아하는 이탈리아 음식을 실제 유명 이탈리안 셰프가 내 눈앞에서 직접 조리해 맛볼 수 있다면?

호텔 내부 부대시설이 아니어도 괜찮다. 지역 내 레스토랑과 프로그램으로 연계해 보아도 충분히 만족스러울 것이다.

예전 일본에 여행을 갔을 때, 에어비앤비(AirBnb)에서 숙박이 아닌 현지 레스토랑을 예약한 적이 있었다.

　3시간 정도를 이용할 수 있는 프로그램이었는데, 다른 손님은 없고 오직 나 혼자만 그 식당을 이용할 수 있는 것이다.

〈숙박이 아닌 레저를 예약했던 사례(에어비앤비)〉
출처: 본인제공

준비된 순서대로 일본인 셰프가 눈앞에서 조리를 하고, 음식에 대한 설명을 풀어주었는데, 아는 것이 힘이라는 말이 있는 것처럼 요리사의 설명을 통해 그 요리를 알게 되니 맛도 더 좋게 느껴지기도 하였다.

그날이 내가 태어나 처음으로 고래 고기를 먹어 본 날이다.

고래 고기가 일본에서 예전에는 매우 대중적이어서 학교 다닐 때 도시락에도 많이 먹었는데, 지금은 멸종 위기로 그렇게 대중적으로 먹을 수는 없다고 했던 셰프의 이야기도 기억이 난다.

박물관이나 전시회에 혼자 가서 보는 것보다, 큐레이터나 도슨트 프로그램을 통해 관람을 하게 될 때 내가 모르는 부분에 대해 더 많이 알게 되고, 그만큼 더 즐길 수 있는 경험을 해본 적이 있을 것이다.

물론, 아무 정보 없이 가서 보는 것만으로 바로 느낄 수 있는 순수한 자극과 감동도 있겠지만, 와인이나 미술품, 그리고 음식들에 대해서는 정보가 많을수록 느낄 수 있는 감동의 스펙트럼도 더 넓다고 생각한다.

이것을 개인화된 웰빙으로 접목시킨다면, 다양한 음식과 그 음식에 어울리는 맛있는 술이 이야기와 더불어 더욱 풍성한 앙상블을 만들어 낼 수도 있고, 유명 요가 선생님이나 헬스 트레이너들과 함께 1 대 1 혹은 소수의 그룹 운동으로 더욱 동기부여도 되고 유대감을 느끼면서 운동을 할 수도 있을 것이다.

호텔 주변에 현지인들만 알고 있거나 내 취향에 맞는 맞춤 여행지들을 경험할 수도 있다. 도쿄에 신주쿠 역은 '디스크 유니온'이라는 음반 매장이 여러 매장이 있는데, 각 매장마다 취급하는 음악 장르가 다르다. 디스크 유니언 A매장은 재즈를 위주로, B매장은 클래식이 메인이고, C매장은 헤비메탈을 위주로…. 이렇게 매장마다 다양하게 취급하는 음악 장르가 다르다.

신주쿠 내 호텔에 머무는 음악덕후들을 위해 '디스크 유니온' 매장들을 투어한다든지, 아키하바라 내 호텔 투숙자들에게는 '피겨쇼핑' 등을 같이 안내하고 나중에 호텔 로비나 회의실에 모여 그날의 전리품에 대한 이야기들을 나누면서 자연스럽게 커뮤니티를 형성해 보는 것도 재밌는 사례가 되겠다.

혹은, 산책길로 유명한 제주도 올레길 코스처럼 호텔들이 자전거 타기 최적화된 코스들을 만들어서, 자전거 애호가들이라는 맞춤 여행자들을 위한 프로그램을 만들어 보는 것도 가능하다. 찰스 왕세자와 오지 오스본의 사례로 본 세그먼트 마케팅의 한계처럼, 개인화 마케팅을 극대화하는 초개인화가 진정한 웰니스로 가는 방향이라 생각한다.

Jay Lee의 인사이트

Local Coffee Shop에 새로운 도전

부산 광안리에 있는 AG405 호텔을 가보았을 때 일이다.

체크인 시에, "당신을 이해하고 싶습니다."라고 하여 투숙객의 취향이나 선호도에 맞춰 객실을 배정하는 것이 굉장히 신선했다. 각 층마다 엘리베이터 옆에 특별 공간이 준비되어 있었다.

이렇게 다른 테마와 색상으로 준비된 특별 공간이 있다는 부분이 참기억에 남는다.

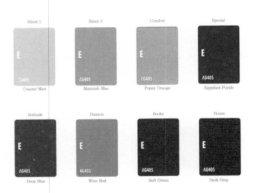

〈고객 선호도를 확인하기 위한 호텔의 접근 사례〉
출처: AG405호텔 홈페이지
https://ag405hotel.com

그런 기분 좋은 투어 후에 커피를 마시기 위해 2층에 올라갔을 때 커피 원두를 볶는 기계가 있는 것을 보게 되었다. 단순하게 인테리어적인 요소로 기계가 있는 것이 아니라 정해진 시간에 맞춰 실제 원두를 볶는다고 했는데, 그렇다면 그 시간대에 호텔은 또 얼마나 향긋할지 궁금했다. 광안대교가 한눈에 보이는 멋진 뷰에, 향긋한 커피향이 나는 멋진 공간 이라니…

스타벅스 리저브 매장에서는 커피를 주문하게 되면 바리스타와 커피 종류, 그 커피를 추출하는 방법을 선택하여 커피를 즐기게 된다. 가벼운 커피 이야기를 나누는 것으로도 커피 맛이 더 진해지는 순간이다.

원두를 볶는 시간을 일부러 표기해 두고 커피 좋아하는 사람들과 소통해 보는 것은 어떨까? 해당 호텔을 기점으로 주변 로컬 카페들과 콜라보를 해서 커피 챌린지를 해보는 것도, 커피 애호가들에게 굉장히 재밌는 이야기가 되지 않을까? 그 속에서 내가 좋아하는 나만의 커피를 만날 수도 있고….

당신을 이해하고 싶다는 호텔의 이야기와 또다시 연결이 된다.

〈AG405호텔 카페에서 바라본 모습〉
출처: 본인 제공

　제주도를 출장으로 자주 가게 되었는데, 최근 해보고 싶은 것이 생겼다. 바로 한라산 등정.

　접근할 수 있는 코스는 다양하지만 여러 미디어들을 통해 한라산은 쉽지 않은 산이라 들었다.

　산을 좋아하는 사람들이 이용하는 서비스 중에 도장 깨기처럼 스탬프를 찍는 서비스가 있다.

해당 애플리케이션을 설치하고 산에 정상에 올라가면 위치를 기반으로 혹은 어떤 인증샷들을 기준으로 해당 산의 정상에 올라갔다는 것을 인식하고 인증해 주는 서비스이다. 혼자 올라가지 않고, 한라산 등정을 희망하는 사람들끼리 서로 크루를 만들어 보는 것도 재밌을 것 같다. 또 산 주변에 있는 호텔들 중에 같이 올라갈 수 있는 페이스메이커의 스태프가 되어주는 것도….

일본 호텔 브랜드 중 하나인 호시노 리조트 계열에 OMO 레인저스는 호텔 주변을 탐방하여 발굴해낸 콘텐츠들을 투숙객들에게 '적극적'으로 안내한다고 한다. 호텔이 아닌 그 호텔이 속해 있는 지역 단위를 하나의 큰 리조트로 생각하고 운영하기 때문이다. 국내 호텔에서는 서울 동대문에 위치한 나인 트리 호텔(Ninetree Hotel)의 경우, 호텔 근무자들이 자발적으로 호텔 인근의 맛집 등을 탐방하여 투어 맵을 만들었던 것을 본 적이 있다.

이런 포인트들이 결국 개인화된 경험들이 될 수 있지 않을까?

호텔이란 곳은 단순히 투숙을 하는 경험 외에
다양한 재미를 줄 수 있는 시설로 변화할 수 있어야 한다.
…
자연과 함께, 지속 가능한 숙박을 추구하는 관점에서
미래의 호텔은 환대 서비스라는 핵심 가치 외에
추가적으로 신선하고 의미 있는 고객 경험을 제공할 수 있다.

PART 4.

미래의 호텔

Chapter 8. 미래 호텔은?

자동화는 피할 수 없는 흐름이 되었다

이용하는 입장에서는 몰랐었는데, 일을 하면서 알게 된 호텔 업무에서는 생각했던 것보다 훨씬 더 인력 중심 업무들이 많았다.

2019년 호텔쇼부터 2023년 10월 세종대학교 강연까지 매년 호텔 트렌드에 대한 내용을 준비하고 발표했다. 처음 발표를 시작했던 2019년도에 키오스크를 이야기했을 당시에는 호텔이나 사용자들이 많은 생소함을 표현한 것이 사실이다. 하지만, 코로나를 통해 호텔 근무자들이 현저히 빠지게 되자 키오스크나 모바일 체크인, 룸서비스 딜리버리 로봇 등은 이전보다 호텔 내부에서도 받아들일 수 있는 서비스가 되었다.

코로나라는 특수한 기간을 통해 각 부서 및 업무에 맞는 자동화 서비스가 훨씬 가속화되고 있다.

또, 기술의 발전에 따라 예전에 콘셉트로 시작했던 것들이 실제 현실화가 되어 가는 시점이기도 하다.

5G가 보편화가 되고 6G 이상의 시대가 되는 미래에서는 더 많은 데이터들의 수집과 그것으로 인한 인사이트, 활용에도 큰 도움이 될 것이다. 앞선 Chapter들에서 이야기되었던 개인의 취향뿐 아니라 다양한 콘텐츠의 소비 데이터를 통해 새로운 콘텐츠의 개발에도 분명 도움이 될 것이다.

미래의 호텔에 대해 생각해 보는 시간은 나에게도 큰 의미가 있었다. 다들 비슷하겠지만 바쁜 일상에서 오늘 하루, 혹은 이번 분기, 올 한 해의 업무를 생각했었다. 그런 일상에서 잠깐 멈춰 서, 보다 근본적인 이유를 생각해 보는 계기가 되었기 때문이다.

자동화는 왜 필요로 하게 되었을까? → 일하는 사람들이 없어져서

왜 일하는 사람들이 없어지게 되었을까? → 근무조건이 좋지 않아서

왜 근무조건이 좋지 않을까? → 본인의 급여 대비 희생하는 것이 더 크다고 생각해서

(물론 급여가 이직의 100% 이유는 아니겠지만, 그래도 상당 부분을 차

지한다고 생각한다.)

　그럼 이런 구조는 왜 생긴 것일까?

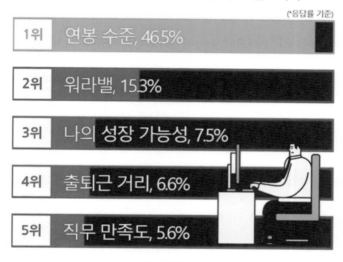

〈직장인들의 이직 조건〉
출처: 워크투데이 기사
http://www.worktoday.co.kr/news/articleView.html?idxno=35506

사실이 아닐 수 있겠지만 지금의 호텔 시장의 연봉 구조에 대해 카더라 통신을 따르면, 과거에는 호텔에서 근무했을 때 기본 연봉이 있고, 추가적인 수익이 있었다는 것이다. 예를 들어 프런트나 컨시어지, 그리고 하우스키핑에서는 고객들에게 팁을 받는 경우, 세일즈의 경우는 여행사에서 인센티브를 받는 경우 등이 그렇다는 것이다. 급여 외에도 별도의 수익이 있어 가능했던 부분이 이제는 사라졌지만, 연봉수준 자체는 그대로이기 때문에, 같은 여행, 관광산업군에 있는 항공사와 비교해서도 호텔의 연동 테이블은 경쟁력이 높지 않다.

실제로 이번 코로나 때 아예 다른 직종으로 이직하는 사례도 많이 보게 되었다. 또한 과거보다 업무가 더욱 늘어났다. 예약 업무도 예전에는 단순하게 전화나 여행사를 통해 예약이 많았다고 한다면 지금은 기본적으로 15~20개가 넘는 다양한 채널을 통해 호텔을 예약하게 되니, 해당 채널들과 소통을 하는 세일즈 업무와 마케팅 업무 그리고 예약을 정리하는 업무도 많이 늘어났다.

전설의 수문장이라는 예전 우리나라 R호텔 벨맨(Bell Man) 이야기를 들은 적이 있다. 그분은 차량 번호만 보고도 어떤 고객이 오셨는지 파악하고 호텔 프런트 측에 이를 전달하여 고객을 응대할 수 있도록 준비하였다 한다.

사실 지금으로 보면 이게 다 고객 관리이며, 빅데이터 사례이다.

인적 서비스 중심이었던 부분에서 시스템적으로 변화하는 과정을 통해 좀 더 효율적인 운영이 가능해질 것으로 보인다. 그렇게 되었을 때, 호텔은 아이러니하게 오히려 인력 중심에 서비스를 할 수 있을 것이다 생각한다. 예를 들어, 호텔에 체크인할 때 객실 키를 만들어서 전달하는 것은 일이 아니라 업무이다. 키오스크에서 객실 키를 받아 체크인을 하거나 내 모바일로 핀 코드를 받아 객실 문을 들어가면 된다.

하지만 체크인하는 투숙객들을 따뜻하게 인사하면서 맞이하거나, 불편사항 등에 대해 물어보는 것은 업무가 아니라 서비스에 더 가깝다.

자동화가 무인화는 아니겠지만, 자동화를 통해 상당 부분을 시스템이 처리할 수 있게 되면 호텔리어들은 오히려 사람만이 할 수 있는 고유의 환대 서비스, 창의적인 부분, 조직 관리에 집중할 수 있을 것이다.

빅데이터나 인공지능이 날이 다르게 발전할 수 있는 이유 중에 인프라의 발전이 있다. 더 좋은 인프라의 탄생. 5G는 기본이 되면서 이제 6G의 세상이 오고 있다. 그로 인해 훨씬 더 많은 데이터들을 취급하고 활용할 수 있게 되었다.

그래서 미래의 내 업무는 어떻게?

등장 이후 매일 끊임없이 나오고 있는 ChatGPT의 활용도와 인공지능 이야기.

이제는 인공지능을 거부하기는 어렵고, 이것을 어떻게 활용해야 하는지에 점점 초점이 맞춰지고 있는 것 같다. 세계 경제포럼은 인공지능이 대체 불가한 6가지 기술 중, 환대, 관리, 조직 관리는 인간이 할 수 있는 부분이라 이야기한다.

확실히 호텔에서 사람 대신 공룡이나 로봇이 맞이하는 호텔이 신선하고 재밌다는 것은 있지만, 내가 환영받고 있다는 느낌을 받기는 어렵다. 물론, 앞선 서버마다 다른 팁이 있던 사례처럼 사람의 환대 서비스 역시 응대하는 사람에 따라 정도의 차이는 있을 수 있다. 하지만 사람이 하는 서비스는 기본적인 시작점이 다르다. 미래의 호텔은 멀티태스킹이 가능한 소수의 스페셜 인력들이 호텔리어가 되어 고객들과 소통하고 밍글링(Mingling)하면서 커뮤니티 공간을 키워 나가는 것이 핵심이라고 생각된다.

호텔은 호텔리어와의 유대감, 밍글링으로 커뮤니티를 만들어 가기도 하지만, 비슷한 것들을 좋아하는 투숙객들끼리 모인 자체 커뮤니티 및 새로운 네트워크의 장소가 될 수도 있다. 투숙을 위해 최소한의 개인 정보들이 호텔과 공유가 되기 때문에, 일반 카페에서 모이는 모임보다는 좀 더 개인에 대한 신원이 확인된 사람들끼리 모여 본인들이 좋아하는 것들을 서로 공유할 수 있는 장소가 될 수도 있다.

야구장을 품은 호텔 타워 11에서 야구팬들이 모여 자체적으로 포토제닉 행사를 만들기도 한 것처럼, 알폰스 무하를 좋아하는 사람들이 모여 서로 갤러리를 다녀와서 자신이 가장 좋아하는 작품과 그 감상평을 나눌 수 있다. 또, 자전거를 좋아하는 사람들이 모여 서로의 정비 테크닉과 자전거 여행 지도를 공유하거나, 농구를 좋아하는 사람들이 모여 농구 시합을 같이 응원하는 것도 가능하다.

복잡하거나 귀찮다고 느껴지는 이유로 회원 가입이 굉장히 어려운 요즘이다. 그래서 어떤 서비스들은 별도의 로그인 기능 없이 서비스를 론

칭하기도 했다. 지금은 이것을 간편하게 카카오나 네이버, 이메일 등을 활용한 소셜 로그인으로 해결하고 있다.

재밌는 부분은 취미나 동호회 까페 등은 지금도 회원들의 다양한 정보를 잘 받고 있다.

하지만, 호텔이 능동적, 적극적으로 이 활동을 지지하고 서포트하는 사례는 많이 없는 것 같다.

이 부분을 잘 이해하고 같이 만들어 갈 수 있는 호텔과 호텔리어가 미래의 호텔의 모습일 것이다.

환대서비스를 계속해서 말하다 보니, 서비스에 최적화된 혈액형이나 MBTI 유형이 있지 않을까라는 생각도 해보았다. 환대서비스에 최적화된 유형이 무엇이라고 말하기는 어렵겠지만, 환대서비스와 절대 맞지 않는 유형이 있다는 생각은 들기 때문이다.

연예인

ESFP-A / ESFP-T

즉흥적이고 넘치는 에너지와 열정으로
주변 사람을 즐겁게 하는 연예인입니다.

〈환대서비스에 가장 어울릴 것 같다고 생각하는 MBTI 영역 중 하나(ESFP)〉
출처: 16 Personalities 홈페이지
https://www.16personalities.com/ko/%EC%84%B1%EA%B2%A9%EC%9C%A0%ED%98%95-esfp

또, 미래 호텔은 나의 생활패턴을 계속 지킬 수 있는 연속성을 지킬 수
있는 공간이 된다. 서울의 내 방, 부산의 내 방, 일본의 내방….

내가 좋아하는 코튼 향이 잔잔하게 느껴지는 방, 숙면을 위한 베개 높
이와 단단한 정도, 그리고 이불 종류부터 쾌적한 습도와 온도, 내가 먹고

있는 식단, 내가 하고 있는 운동까지. 여행을 가거나 출장을 가게 되면 잘 지켜오고 있었던 생활 패턴이 달라지는 경우가 종종 있다. 장기간 워케이션이 아닌 짧은 출장이라도 내 기호에 맞춰져 있는 프로그램들과 시스템들이 나의 루틴을 잘 지켜줄 수 있게 한다.

'아름답다.'의 어원에 여러 가지 이야기가 있지만 15세기 문헌 〈석보상절〉에서는 '아름답다.'를 '아(我)답다.', 즉 '나답다.'라고 표현하기도 한다.
나를 나답게, 아름답게 만들고 지켜줄 수 있는 장소 중 하나가 미래의 호텔이 되지 않을까?

Chapter 9. CES 2024로 미리 보는 미래 호텔, 여행

CES(Consumer Electronics Show)는 세계 최대 가전·IT 박람회로, 매년 초 미국 라스베이거스에서 열린다. 올해는 역대 최대 규모인 3,500여 개 기업이 참가하였고, 국내 대기업 총수들뿐 아니라 지드래곤까지 전시회에 참관하여 굉장히 주목을 받는 자리가 되었다.

CES 2024의 주제는 'All Together, All On'으로 모든 기업과 산업이 함께 혁신 기술에 전력을 다해 인류의 문제를 해결하자는 의미이다. 핵심은 전 산업을 관통하는 인공지능(AI) 기술의 융합이다. 메타버스와 웹 3.0이 핵심 테마였던 2023년, 이번 2024년에서는 인공지능을 중심으로 테마를 잡았다. 전 산업 분야의 기술 융합과 혁신이 인류의 지속가능성과 삶의 질을 향상시키는 방향으로 이루어질 것을 말한다.

그중, 미래 여행/숙박과 관련된 솔루션들을 살짝 이야기해 보자.

CES로 살짝 보는 미래 여행, 숙박 트렌드

Rabbit 은 r1이라는 AI 도우미를 선보였다.

아이폰, 안드로이드폰들처럼 각자의 전화기가 운영체제 내에 있는 각 서비스 앱들을 음성으로 이용할 수 있게 만든 서비스이다. 쉽게 말해, 스마트폰을 켜서 각각의 앱을 실행시키지 않고 음성 명령으로 인터넷 검색, Spotify에서 음악 감상, 차량이 필요할 때는 Uber를 호출, 사진과 동영상을 찍을 수 있다.

이는 앞서 말한 인공지능 비서, 자비스로 가는 시작점에 있다고 생각한다.

〈Rabbit r1 모델 이미지〉
출처: 래빗 홈페이지
https://www.rabbit.tech/

　기아 자동차의 경우, 다양한 PBV(목적 기반 차량) 모델을 선보였다. 심플하면서도 직관적인 디자인을 특징으로 하여, 목적(기본, 딜리버리, 샤시캡)에 맞춰 모듈을 체결하는 형태로 활용도를 극대화할 예정이다. 뒤쪽 모듈을 교체함으로 나의 사무공간이 되기도 하고, 멋진 캠핑카로 변신할 수도 있게 된다.

〈이용 목적에 따라 다양한 기아의 PBV 모델 이미지〉
출처: 기아 자동차 홈페이지
https://worldwide.kia.com/kr/pbv-lineup

자동차와 숙박의 합성어인 '차박' 자율주행과 목적 기반 차량이 만나면 새로운 차박 v2.0의 세계가 열릴 것이다. 내가 여행하고 싶은 곳 근처에 어떤 숙박시설이 있는지를 보고 이용했던 패턴에서, 내가 가고 싶은 곳에 숙박시설이 없어도 문제가 없는, 즉 숙박시설 여부의 한계를 극복하는 새로운 차박의 시기가 올 수 있겠다.

또한, 현대 자동차의 경우는 2020년 첫 비전 콘셉트를 제시했던 항공 모빌리티의 실물 모형을 CES 2024년에 최초 공개하였다. 항공 모빌리티의 상용화는 비단, 지금의 교통문제를 해결하는 것 외에도 여행의 판도를 크게 바꿀 수 있는 엄청난 가능성을 보여준다.

〈슈퍼널, 현대자동차 그룹 미래 항공 모빌리티 이미지〉
출처: 현대자동차그룹 뉴스룸
https://www.hyundai.co.kr/news/CONT0000000000129701

열이 아닌 빛으로 머리를 말릴 수 있어 두피 건강도 지킬 수 있는 혁신적인 헤어드라이어를 선보인 '로레알'(L'Oréal)은 헤어드라이어 외에도 AI와 IoT를 결합한 스마트 헤어브러시를 개발하였으며, 이를 통해 사용자의 두피와 모발 상태를 분석한다.

'10minds'는 모션 슬립이라는 코골이를 완화해 주는 움직이는 베개를 선보임으로 유저의 질 좋은 수면과 건강을 지킨다.

내 두피와 모발을 지켜주는 헤어드라이어와 제품들이 있고 숙면을 위한 매트리스와 베개가 있는 모습도 미래 호텔에 적용할 수 있는 모습이다.

그 외에도 다양한 제품과 서비스들이 AI를 중심으로 하여, 건강/웰니스 분야, 모빌리티 분야, 푸드/에그 테크 분야에서 엄청난 인사이트들을 제공한다.

150개국 이상의 약 3,500여 개의 참가기업이라는 대규모 행사였던 이번 CES 2024. 한국을 대표하는 삼성, LG, 현대, 기아, SK 외에도 한국 기업은 약 500여 개 사가 참가하였고, 최고 혁신상 총 27개 제품, 서비스 중에 국내 기업은 8개를 차지하였다. 미디어와 관람객들에게 호평을 받은 투명 디스플레이나 AI를 산업 전반에 활용한 제품들 외에 미래 호텔/여행에 영향력이 있을 만한 서비스를 간단하게 정리해 보았다.

전체 제품을 리뷰하는 것은 다른 기회로 하더라도, 몇 가지 공유하는 서비스들을 통해 미래 호텔/여행 산업에 대한 예측이 잘되었다고 스스로 생각하게 되었다. 금번 CES 2024의 키워드가 AI인 것처럼, ChatGPT의 등장 이후 AI의 발전 속도에 더욱 가속도가 붙는 것을 느낀다.

비단, 숙박/여행 업계가 아니더라도 전체 산업계를 관통하는 AI의 융합은 우리가 계속 관심을 갖고 지켜볼 필요성이 있다.

나를 나답게, 아름답게 만들고
지켜줄 수 있는 장소 중 하나가
미래의 호텔이 되지 않을까?

에필로그

고등학교 때 꿈은 외교관이 돼서 한국의 좋은 문화를 알려주고 싶었다. 그래서 그런 생각으로 정치외교학을 전공하였다. 군 제대 후, 워킹홀리데이라는 프로그램을 통해 일본과 캐나다를 다녀왔다.

졸업 후, 처음 시작했던 사회생활은 숙박 관련 플랫폼이었고, 지금은 숙박 솔루션 관련 일을 하고 있다. 그렇게 숙박업계에 17년 정도 일을 하면서 '외교관은 될 수 없어도, 민간 앰배서더(Ambassador, 대사)로서 한국에 좋은 콘텐츠들을 알리고 싶은 생각이 커졌다. 그리고, 그 콘텐츠 중에 기억에 남는 좋은 숙소들을 많이 만들고 싶다'는 새로운 꿈을 갖게 되었다. 최근, 드라마나 영화, 음악으로 처음 관심을 갖고 찾아오는 수많은 외국인들을 보며, 우리나라에도 기억에 남을 만한 그래서 더 우리나라를 좋아할 만한 호텔 콘텐츠가 있었으면 하는 바람이 생겼다.

또, 호텔 내부의 업무를 좀 더 효율적으로 바꿔보고 싶다는 생각이 추가되었다.

솔루션 회사에서 일을 하면서 호텔이 생각보다 인적 중심으로 많은 업무를 처리하고 있다는 걸 알게 되었다. 다양한 솔루션들이 점점 고도화 되면서 좀 더 효율적인 운영이 가능하다고 믿고 있다. 이후, 코로나라는 이슈를 만나 인력 수급의 문제가 대두되었다. 약 3년이라는 기간 동안 여행, 관광업계의 종사자들 2만 명 정도가 사라졌다.

기술을 기반으로 한 효율적인 운영방안, 숙박 시장 내부 인력의 부족, 그리고 한국 콘텐츠들이 세계에서 본격적으로 많은 사랑을 받으면서 많은 관광객들을 실제로 자주 볼 수 있는 지금 책을 써야겠다는 생각은 더욱 또렷해졌다.

또, 만들어 보고 고객들과 소통해 보고 싶은 콘셉트의 호텔들도 벌써 여러 개가 있다.

1) 태양열로 호텔의 모든 전기를 사용하며, 음식 조리, 샤워시설, 화장 실 물, 세탁 물 등을 빗물로 잘 모아 두고 순환 펌프를 활용하여 재 사용하는 에너지 절약의 호텔.

2) 호텔 프런트인 10층에 농구 코트가 있고 통창으로 되어 있어, 독특 한 기분으로 농구를 즐길 수 있는 호텔.

3) 인구감소로 인한 폐교들을 활용하여 만들어 보는 지역 단위의 리조 트 호텔.

(이 경우 학교 근처의 장소를 하나의 리조트처럼 바라보고 프로그램을 만들어서 마을 단위의 호텔로 재설정)

4) 폐컨테이너, 폐파이프들을 활용하여 소규모 혹은 단독이지만 환상적인 뷰를 볼 수 있는 장소에 만들어 보는 호텔 등등

5) 최대한 시멘트나 철, 기타 화학 재료 없이 모래나 진흙, 그리고 나무 등으로 만들어 보는 별장 단위의 호텔 등

〈빌딩 숲 사이에 있는 실내 농구 코트장〉
출처: 167greenst 홈페이지
https://www.167greenst.com/team

오랜 역사와 깊은 유서를 자랑하고 있는 우리나라, 또한 이제는 세계 속에서 반도체뿐 아니라 콘텐츠로 사랑받고 있는 우리나라에 왜 3대, 4

대, 5대가 운영하는 호텔이 없을까? 한국을 좋아하고 한국을 찾아오는 사람들에게 기억될 재밌는 숙소들은 무엇일까?

그러다 보니 50대 이후는 호텔 개발과 브랜딩을 하고 싶다는 생각을 하게 되었다. 50대 이후에 꿈을 갖게 된 것도 매우 감사하고 소중한 일이다. 하지만 많은 일이 거의 다 그렇듯이 혼자서 할 수 있는 일은 많지가 않다. 그것이 이 글을 쓰기 시작한 결정적인 이유이다.

강연 자리나 사석에서 만나 호텔 산업에 대한 이야기를 많이 했다. 하지만 그렇게 만났던 자리에서는 무언가 아쉬움이 남았다. 생각한 부분들을 좀 더 잘 전달하고, 앞으로의 미래를 또 함께할 사람들을 많이 만날 수 있는 방법 중 하나가 책을 출판하는 것이라 생각이 들었다. 물론 이 책을 읽고 생각하는 것과 해석하는 부분은 사람마다 다를 수 있겠지만.

너무 이상적으로 들릴 수 있겠지만, 이런 호텔들을 만들어 보고 싶고 이 호텔들을 좋아하는 사람들과 소통하면서 살고 싶다. 하나, 이러한 호텔들을 만들기 위해 준비하는 과정은 혼자서는 할 수 없음을 절실히 느낀다. 이후에는 이 책을 보고, 서로 더 많은 이야기를 할 수 있기를 바라며.

마지막으로, 이 책이 나오기까지 많은 도움을 주신 분들이 있다. 그분들께 페이지를 통해 감사 인사를 드리며, 마무리하려고 한다.

감사의 말

먼저, 지금까지 길을 인도해 주시고, 앞으로의 길을 인도하실 하나님께 감사드립니다.

돌아보니 그 과정에서 경험한 많은 것들이 소중하고, 저의 자양분이 되었습니다.

하늘나라에 계신 엄마에게, 엄마가 돌아가시기 전 들려드리기 위해 Jay Lee(제이 리)라는 이름으로 음원을 출시한 지 10년이 넘었습니다. 일본에서 데뷔도 하고 CD/LP도 나왔어요. 나중에 다시 만나면 이야기 많이 해요. 보여주신 삶의 모습 잘 기억하고, 앞으로도 잘 따라가겠습니다.

믿어주고 응원해 주는 가족들(지연, 재이, 도이) 작년과 올해 많이 달라진 여러 가지 환경 속에서도 함께해 줘서 감사합니다. 같이 기도합시다~

엄마의 빈자리만큼 항상 편하게 대해 주시는 장모님, 장인어른께 감사드립니다.

외골수라 가끔은 힘들 때도 있지만 꿈을 찾아 항상 파이팅하는 우직한 아빠의 모습에 많은 도전을 받습니다. 응원드리고 감사를 표합니다.

다음으로,

20% 부족한 나에게 40% 조언을 아끼지 않는 동생이자 이제는 동네 친구 위피가 된 캐서린 a.k.a 김지수

비즈니스로 만났지만 그 영역을 뛰어넘어 친구 같은 사이가 된 윤현석 총지배인님, 그리고 HGM 식구들(이지훈 총괄팀장님, 이하경, 김보미 지배인님)

편하게 대해 주셔서 '총지배인님들도 어려운 분들만은 아니구나.'라고 알게 해 주신 박복만 총지배인님

17년 근무하면서 처음으로 형이라 부르게 된 제주도의 형님들 고득영 총 지배인님, 백승헌 총지배인님

항상 소녀 같은 감성으로 따뜻하게 챙겨 주시는 부산 국밥 같은 라메르 신수현 총지배인님

포스가 엄청 강력해서 처음에는 많이 어려웠지만, 추천해 주신 인생 드라마 〈나의 아저씨〉와 음악 이야기로 새벽까지 시간 가는 줄 몰랐던 파르나스 김호경 상무님

편집 및 자막은 기본이라는 호텔 유튜버의 기본자세라는 것을 알려주신 아이디어 뱅크 양경석 상무님

연동 개발 건으로 인사드렸지만, 잊고 있던 해외 비즈니스와 50대 이

후에 푸른 불꽃을 깨워 주신 윤정원 부장님

또, 바쁜 시기 급작스러운 호텔 투어에 흔쾌히 안내해 준 싱가포르 Resort World Sentosa의 Jacob Tan

그 외에도 현실성이 떨어지는 이상적인 이야기가 많았음에도 불구하고 매년 호텔, 숙박 트렌드에 대한 이야기나 저의 이야기들을 경청해 주셨던 수많은 호텔 지배인님들과 협업 관계사 분들 그리고 대표님들께 이 자리를 빌려 감사의 말씀을 전해드립니다.(웃음)

마지막으로 이 책이 출간될 수 있게 도와준 세환이와, 미다스북스 이다경 편집장님과 미다스북스 식구분들께 감사드립니다.

글을 읽어 주시고, 함께 할 수 있는 좋은 사람들이 많아지길 바랍니다.
좋은 의견과 문의, 정보는 언제나 환영입니다.

Contact to Jay Lee